# Gesünder essen
# Zuckerarm

## 50 köstliche Rezepte für jeden Tag

APOTHEKEN Umschau

# Was Sie über Zucker wissen müssen

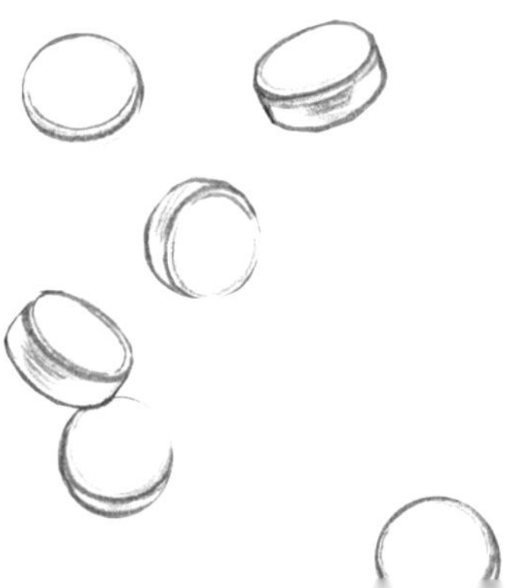

# Rezepte

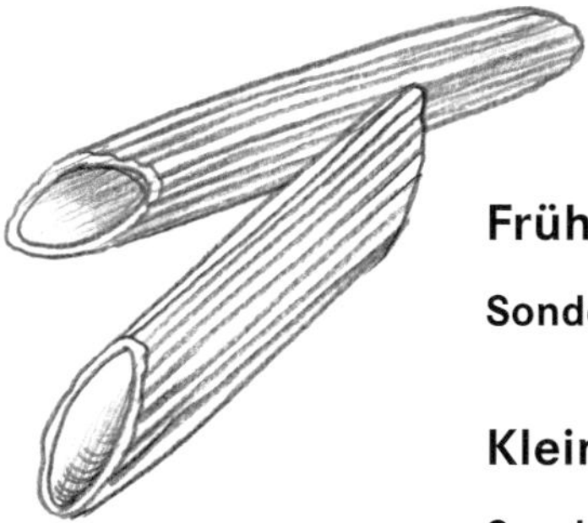

# Vorwort

*Liebe Leserin, lieber Leser,*

Sie möchten weniger Zucker essen? Wahrscheinlich haben Sie schon festgestellt, dass dieses Vorhaben im Alltag ganz schön herausfordernd sein kann. Überall lauern Zuckerfallen. Dabei ist der Vorsatz, weniger Zucker zu konsumieren, der richtige Weg für unsere Gesundheit. Ein Übermaß schadet ihr nachweislich. Auf Dauer nehmen wir zu, vor allem am Bauch. Zu viel Zucker schadet den Zähnen und er kann uns krank machen. Herz-Kreislauf-Erkrankungen, Stoffwechselstörungen bis hin zu Diabetes gehen auf das Konto einer zuckerreichen Ernährung.

Doch von welchem Zucker sprechen wir eigentlich? In Obst und Milchprodukten kommt Zucker natürlich vor in Form von Frucht- und Milchzucker. Oft ist Zucker schnell zu identifizieren. Etwa überall dort, wo wir Haushaltszucker verwenden, etwa im Kaffee, im Tee, in Saucen oder sogar im Müsli. Auch Süßigkeiten enthalten viel Zucker – logisch. Aber sehr oft lassen sich Zuckerfallen gar nicht so leicht entlarven. Dann versteckt sich der Süßmacher hinter Begriffen wie Maltodextrin oder Saccharose und kommt in vielen Lebensmitteln und Fertiggerichten vor. Und schließlich bestehen auch Kohlenhydrate wie in Brot, Reis oder Nudeln nur aus Zuckermolekülen.

Heißt das jetzt Adieu Pasta, Brot und Obst? Nein, keine Sorge. Unser Buch „Gesünder essen Zuckerarm" zeigt, dass Sie nicht nur durch Verzicht, sondern vor allem durch den richtigen Tausch Ihr Ziel erreichen. Denn gerade beim Zuckerkonsum kommt es auf die Verpackung an.
Lesen Sie, warum Sie grünes Licht für Vollkornprodukte, Gemüse oder Hülsenfrüchte erhalten und warum Äpfel und Himbeeren viel mehr als nur süß sind. Vor allem: Kochen Sie selbst! Denn damit entscheiden Sie, ob und wieviel Zucker letztlich auf Ihrem Teller landet. Ideen dazu liefert der große Rezeptteil des Buches. 50 Rezepte werden Sie überzeugen, dass zuckerarm auch köstlich schmeckt – beim Frühstück, mittags und am Abend. Selbst auf süße Desserts müssen Sie nicht verzichten.

Unser Versprechen: Ihr Verlangen nach Zucker wird weniger, Ihr Geschmacksempfinden sensibler – natürliche Süße von Früchten, Tomaten, Karotten, Nüssen oder Gewürzen wird Sie rundum zufriedenstellen.

Julia Rotherbl

**Julia Rotherbl**

Dennis Ballwieser

**Dr. Dennis Ballwieser**

Chefredakion Apotheken Umschau

# Was Sie über Zucker wissen müssen

**Lesen Sie, warum wir Süßes so gerne mögen, warum nicht nur zu viel Zucker, sondern auch leere Kohlenhydrate dem Körper zusetzen und wie wir den Zuckerfallen entkommen**

# Liebe auf den ersten Schluck

**Sie ist unsere erste und oft auch letzte kulinarische Liebe: Die Begeisterung für Süßes beginnt bereits im Mutterleib mit einem Schluck vom süßlichen Fruchtwasser. Warum wir Süßes so gerne essen**



Während wir mit den Jahren die Geschmacksrichtungen sauer und bitter immer weniger wahrnehmen können, bleibt der Sinn für Süßes bis ins hohe Alter erhalten. Warum? Schon für unsere Vorfahren war Zucker etwas ganz Besonderes. Entdeckten sie im Sommer und Herbst leuchtende Früchte, signalisierte der liebliche Geschmack nicht nur, dass es sich um ungiftige Lebensmittel handelte. Der in Früchten enthaltene Traubenzucker schenkte ihnen auch schnell verfügbare Energie für die nächste anstrengende und schweißtreibende Mammutjagd. Entsprechend begehrt waren die seltenen Funde.

Heute ist Zucker allgegenwärtig und überall mühelos zu bekommen. Genauer gesagt: Es ist fast unmöglich, ihm zu entkommen. 80 Prozent aller verarbeiteten Lebensmittel, die wir im Supermarkt kaufen, sind mit Zucker versetzt (siehe Seite 30). Warum eigentlich? Wieso werden sogar Leberwurst und Rotkohl gezuckert, und damit Produkte, in denen man keinen Zucker erwartet?

- **Zucker ist beliebt:** Er sorgt für eine vermehrte Ausschüttung des Glückshormons Dopamin im Gehirn – und das hellt unsere Stimmung auf. Also wollen wir mehr von dem süßen Stoff. Den Zusammenhang nutzt auch die Lebensmittelindustrie gezielt und setzt die Zutat Zucker üppig ein. Selbst der Fleischsalat bekommt eine süße Note, um den Ap-

petit anzuheizen. Unsere vorherrschende Geschmacksrichtung wird entsprechend auf „süß“ programmiert. Wir brauchen dann immer größere Dosen, um überhaupt noch echte Süße schmecken zu können.

• **Zucker ist vielseitig:** Er ist Geschmacksträger und -verwandler, gleicht zum Beispiel zu viel Säure oder Bitterkeit aus. Zudem verändert er die Konsistenz von Lebensmitteln und sorgt für ein angenehm schmelzendes Gefühl im Mund. Gleichzeitig ist Zucker ein Konservierungsmittel, macht Produkte haltbarer und bräunt die Oberflächen von Broten und Kuchen appetitlich.

• **Zucker ist billig:** Selbst in großen Mengen ist Zucker eine günstige Zutat.

## *Warum zu viel Zucker zum Problem werden kann*

Wo viel Licht, ist bekanntlich auch viel Schatten. Denn kaum ein Nahrungsmittel ist so gefährlich für unsere Gesundheit wie ein Übermaß an Zucker. Er gilt heute als einer der Hauptauslöser für Zivilisationskrankheiten wie

• Übergewicht,
• Diabetes Typ 2
• und Herz-Kreislauf-Erkrankungen.

Eine dauerhaft erhöhte Zuckerzufuhr wird zudem mit einem gesteigerten Risiko für Demenz, Depressionen, einer Fettleber, Karies, vorzeitiger Alterung und für stille Entzündungen im Körper, den sogenannten Silent Inflammations, in Verbindung gebracht.

## *Wie Sie von einer zuckerarmen Ernährung profitieren*

Verbannen Sie gedanklich gerade sämtlichen Zucker aus ihrem Leben? So streng müssen Sie nicht mit sich selbst sein. Sie brauchen weder Ihr Leben noch Ihre Ernährung komplett auf den Kopf zu stellen und sich auch nicht jedes einzelne Zuckerkristall zu verbieten. Das ist in der Praxis ohnehin fast unmöglich, aber auch unnötig und sogar kontraproduktiv. Wer alles verändern will oder sich jede süße Sünde verkneift, wird mit großer Wahrscheinlichkeit irgendwann frustriert aufgeben.
Eine zuckerarme Ernährung sollte kein ambitioniertes 3-Monats-Projekt sein, sondern eine grundsätzlich achtsame Essenshaltung ohne zeitliche Begrenzung. In der Regel genügen dafür nur wenige Anpassungen, wie Sie in den nächsten Kapiteln erfahren werden. Und die köstlichen Rezepte beweisen: Zuckerarm und genussreich können untrennbar miteinander verbunden sein!
Zudem werden Sie in Zukunft gesünder, schlanker, energiegeladener und fröhlicher sein sowie von Heißhungerattacken und Motivationstief verschont bleiben.

# Zucker ist auch nur ein Kohlenhydrat

**Neben Fett und Eiweiß gehören Kohlenhydrate zu den wichtigsten Makronährstoffen. In den meisten Lebensmitteln stecken sie schon von Natur aus. Unser Körper zerlegt sie dann in einfache Zuckermoleküle. Denn er braucht Zucker**

***Um herauszufinden wofür, haben wir direkt mal ein Zuckermolekül gefragt…***

### *Wie profitiert mein Körper eigentlich von dir?*

Ich würde mich als Treibstoff bezeichnen, damit bei dir alles gut läuft. Und zwar buchstäblich. Denn als schneller und wichtiger Energielieferant sorge ich dafür, dass du dich bewegen kannst, morgens zum Beispiel Brötchen holst und abends ein paar Runden durchs Schwimmbecken kraulst oder Fahrrad fährst. Ich speichere mich auch gerne in deinem Körper ab und stehe dir in stressigen Situationen blitzschnell zur Verfügung, wenn du hinter dem abfahrenden Bus herrennen musst.

### *Interessant! Sonst noch etwas?*

Als Kohlenhydrat und später in umgewandelter Form als Glukose spiele ich oft eher im Verborgenen eine Rolle, beispielsweise bei der Regelung deiner Körpertemperatur, deiner Atmung und deines Herzschlags. Und ich habe großen Einfluss darauf, dass dein Stoffwechsel optimal funktioniert. Einer meiner Hauptjobs besteht darin, dein Gehirn mit Energie zu versorgen. Ohne mich würde dir das Denken deutlich schwerer fallen!

## *Wo und in welcher Form finden wir dich?*

Ich bin unglaublich vielseitig. In Lebensmitteln gibt's mich entweder leicht verwertbar, beispielsweise als Zucker oder Stärke, oder du findest mich als Ballaststoff, zum Beispiel in Gemüse und in Vollkornprodukten. In dieser Form bin ich für dich schwerer verwertbar, aber umso wertvoller. Denn Ballaststoffe sind sehr wichtig, weil sie lange sättigen, starke Blutzuckerschwankungen verhindern, für eine gute Verdauung sorgen und gutes Futter für deine Darmbakterien sind. Ich helfe, dass sich nützliche Darmbakterien in deinem Mikrobiom vermehren, die dann die schlechten Bakterien in Schach halten und am Wachstum hindern. Das ist sehr wichtig, damit es dir körperlich und sogar seelisch gut geht.

## *Warum sollen wir dann auf dich verzichten?*

Wie gesagt, es gibt mich in einfacher und komplexer Form. Auf der nächsten Seite unter dem Schwerpunkt „Einfach, zweifach, vielfach“ steht alles noch genauer drin. Aus je mehr Molekülen ich bestehe, desto länger stelle ich dir Energie zur Verfügung. In großen Mengen und in sehr einfachen Varianten bin ich jedoch eher ungünstig für dich und kann dich leider dick und krank machen. Aber vom Prinzip her bin ich nicht schlecht. Du solltest mich einfach mit Bedacht und in langkettiger Form genießen. Und nicht so viel zwischendurch essen.

## *Also langkettig ist gut, kurzkettig schlecht?*

Je weniger Moleküle ich besitze, desto schneller verarbeitet mich dein Körper und du bekommst wieder Hunger. Das passiert bei allen kurzkettigen, leicht verdaulichen Kohlenhydraten, wenn du viel puren Zucker zum Beispiel in Süßigkeiten isst oder Säfte und Erfrischungsgetränke trinkst. Auch Weißmehlprodukte wie Gebäck, Nudeln aus Hartweizen oder geschälter Reis haben diese Effekte. Diese Kohlenhydrate werden ruckzuck in deinem Körper aufgespalten und gelangen sehr schnell ins Blut. Deine Bauchspeicheldrüse und deine Leber versuchen dann verzweifelt dagegen anzukämpfen. Irgendwann schaffen sie ihre Arbeit nicht mehr, und du wirst krank. Sobald ich aber mit vielen Molekül-Freunden unterwegs bin, also in Form von komplexen, langkettigen Kohlenhydraten, ist alles okay. Denn sie enthalten auch immer Ballaststoffe, die deinen Blutzuckerspiegel konstant halten und zudem noch schnell und lange sättigen.

Gut zu wissen

**Fast 100 Gramm Haushaltszucker nehmen wir im Schnitt täglich zu uns. Ungefähr viermal mehr als die Weltgesundheitsorganisation (WHO) im Rahmen einer ausgewogenen Ernährung empfiehlt. Minimalziel sollte es sein, höchstens 25 Gramm zugesetzten Zucker pro Tag zu konsumieren, was ungefähr sechs Teelöffeln entspricht. Allen Zucker, den der Körper braucht, liefern Kohlenhydrate aus Gemüse und Obst. Durch bewusstes Einkaufen und die richtige Zubereitung lassen sich Genuss und weniger Zucker gut vereinbaren.**

## *Einfach, zweifach, vielfach – Zuckervarianten im Überblick*

Zucker gibt es in einfacher und in komplexer Form. Was sie ausmachen und wie sie im Körper verarbeitet werden, zeigt die Übersicht:

**Einfachzucker,** auch Monosaccharide genannt, sind die kleinsten Bestandteile der Kohlenhydrate. Ihre wichtigsten Vertreter sind Traubenzucker (Glukose) und Fruchtzucker (Fruktose). Einfachzucker werden vom Körper aufgenommen, ohne weiter zerlegt zu werden.

**Zweifachzucker** (Disaccharide) setzen sich aus zwei Zuckermolekülen zusammen. Die bekannteste Variante ist Haushaltszucker (Saccharose), der aus Traubenzucker (Glukose) und Fruchtzucker (Fruktose) besteht. Der Körper spaltet Zweifachzucker in Einfachzucker, um ihn verwerten zun können. Zweifachzucker kommt in großen Mengen in Süßigkeiten, Erfrischungsgetränken, Fertigprodukten, Obst und Milch vor. Der Einfachzucker Glukose sorgt dann für ein schnelles und ungünstiges Ansteigen und Abfallen des Blutzuckerspiegels. Als Folge bekommen wir Heißhunger.

**Vielfachzucker** (Polysaccharide) bestehen aus vielen Einfachzuckermolekülen, die in langen Ketten aufgebaut sind. Sie sind in stärke- und ballaststoffreichen Lebensmitteln enthalten und lassen den Blutzuckerspiegel nur langsam steigen. Vielfachzucker werden auch als komplexe oder langkettige Kohlenhydrate bezeichnet. Ihnen sollte in der zuckerarmen Ernährung der Vorrang vor Einfach- oder Zweifachzuckern eingeräumt werden. Wir finden sie hauptsächlich in Vollkornprodukten und Gemüse.

## *Süß, aber überflüssig*

Was unser Körper gar nicht braucht, ist sogenannter „freier" Zucker. Damit ist jeder Zucker gemeint, der Speisen und Getränken zusätzlich zugefügt wird, etwa in Form von Haushaltszucker in einer Tasse Tee oder als Traubenzucker im Energieriegel. Die natürlichen und komplexen Kohlenhydrate aus einer ausgewogenen Ernährung dagegen sind vollkommen ausreichend.
Besonders Haushaltszucker steht zu Recht in der Kritik, denn er liefert vor allem eines: jede Menge Kalorien und keine Nährstoffe. Daher wird er oft als leeres Kohlenhydrat bezeichnet. Doch dieser Begriff ist fast zu harmlos, da die Folgen von zu viel Zucker kurz-, aber auch langfristig dramatisch sind. Kurzfristig sorgen kurzkettige Zuckervarianten für eine Achterbahnfahrt des Blutzuckerspiegels. Er steigt rasant an und fällt schnell wieder ab. Als Folge bekommen wir rasch wieder Hunger oder sogar Heißhungerattacken. Langfristig führen zu große Mengen Zucker zu Übergewicht und den bereits erwähnten Zivilisationskrankheiten. Der Grund: Zucker führt zu einem Anstieg des Insulinspiegels im Blut. Insulin schleust Zucker in die Zellen, ist aber auch das Masthormon Nummer eins, das alle überschüssige verfügbare Energie vor allem in Fettzellen einbunkert (siehe Grafik auf Seite 23).

APPY

### *Naschen erlaubt? Warum Zucker Kinder nervös macht*

Einfacher Zucker führt in erster Linie zu einem schnellen Energieschub. Bei Kindern merkt man das unmittelbar. Nach einem Eis oder einem Saft haben die Kleinen einen starken Bewegungsdrang. Und das ist auch gut so: Die Energie im Körper - also der Zucker - muss wieder abgebaut werden. Eltern empfinden dieses Verhalten dann unter Umständen als hibbelig und zu flippig. Haben Kinder dagegen schon Probleme, sich zu konzentrieren oder sich zu beherrschen, deuten Studien tatsächlich auf negative Effekte durch Zucker hin. Er kann sie dann noch fahriger, nervöser und unter Umständen auch aggressiver machen.

Wirklich eindeutig ist, dass zum Beispiel ein Übermaß an gesüßten Getränken Kinder - und auch Erwachsene - übergewichtig und Zähne kariös macht. Sie sollten in erster Linie Wasser und ungesüßte Früchte- und Kräutertees trinken.

### *Sind Süß- und Austauschstoffe im Zweifelsfall die bessere Wahl?*

Wer zuckerärmer leben möchte und nach einer süßen Alternative sucht, sieht im Supermarktregal ein beeindruckendes Angebot. Derzeit sind 19 Süßstoffe und acht Zuckeraustauschstoffe in der Europäischen Union zugelassen (siehe Seite 17).

Süßstoffe werden bis auf wenige Ausnahmen synthetisch hergestellt und haben keine oder kaum Kalorien. Ihre Süßungsstärke ist deutlich größer als die von Haushaltszucker, gleichzeitig hinterlassen sie oft einen bitteren Nachgeschmack.

Bei Austauschstoffen handelt es sich um Zuckeralkohole, die noch entfernt mit Zucker verwandt sind. Sie haben allerdings deutlich weniger Kalorien, jedoch auch meistens eine geringere Süßkraft als Haushaltszucker.

Beide Gruppen werden insulinunabhängig verstoffwechselt und lassen den Blutzuckerspiegel wenig ansteigen.

Auch das Sortiment an zuckerreduzierten Produkten ist in den letzten zwei Jahrzehnten buchstäblich explodiert. Ob Getränke, Süßigkeiten oder Fertiggerichte: Zu allem gibt es auch eine Zucker-Light-Variante. Da liegt der Gedanke nahe, statt zum bösen Gift lieber zur vermeintlich guten künstlichen Variante zu greifen oder mit Zuckeraustauschstoffen zu süßen. Doch das ist ein Irrtum.

**Fachgesellschaften, wie die Deutsche Gesellschaft für Ernährung (DGE), und Ernährungskundige sind sich einig: Statt verstärkt zu Süßstoffen und Zuckeraustauschmitteln zu greifen, ist es in der Praxis hilfreicher, sich grundsätzlich weniger süß zu ernähren. Das wirkt wie ein Reinigungsprogramm für die Geschmacksknospen und erhöht deren Sensibilität: Wir nehmen Süße wieder stärker wahr und brauchen automatisch weniger Zucker.**

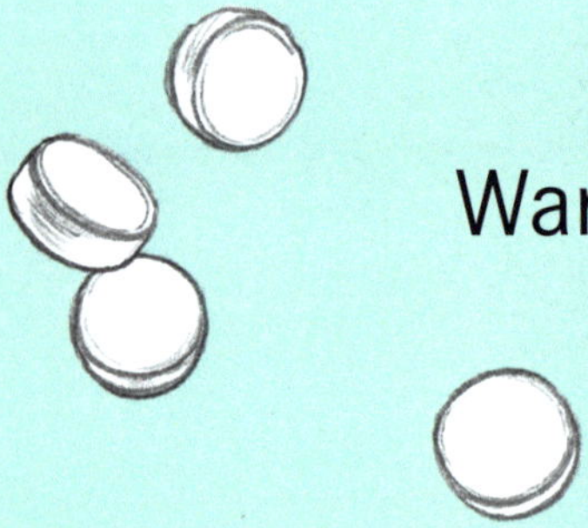

# Fünf bittere Wahrheiten

## Warum künstliche Süßungsmittel auch keine Lösung sind

### 1 Die Zahl der Übergewichtigen steigt seit Einführung von künstlichen Süßungsmitteln

Es klingt verrückt, doch der Zusammenhang ist auffällig. Seit Getränke und andere Lebensmittel verstärkt mit Süßstoffen versetzt werden, steigt die Zahl der übergewichtigen Menschen. Die Gründe könnten vielschichtig sein. Denkbar wäre, dass die Industrie zwar Zucker einspart, dafür jedoch mehr Fett als Geschmacksträger einsetzt.

### 2 Künstliche Süße hilft nicht beim Abnehmen

Bisher konnte in Studien nicht nachgewiesen werden, dass Menschen mit künstlicher Süße langfristig ihr Gewicht reduzieren. Einige Untersuchungen berichten sogar von einem gegenteiligen Effekt: einer Gewichtszunahme nach Umstellung auf Süßstoffe und Austauschprodukte. Möglicherweise wiegen sich Konsumenten durch die eingesparten Kalorien in falscher Sicherheit und essen und trinken mehr von den zuckerfreien Produkten. Sie sind dann vielleicht zucker-, aber nicht automatisch kalorienreduziert.

### 3 Aspartam & Co. verändern möglicherweise das Darm-Mikrobiom

Das Darm-Mikrobiom steht seit Längerem im Fokus der Wissenschaft, denn es beeinflusst unsere Gesundheit womöglich mehr, als lange klar war. Erste Studien weisen darauf hin, dass bestimmte Süßstoffe und Zuckeraustauschmittel das Mikrobiom verändern. Nicht selten wirkt ein hoher Konsum zudem abführend oder verursacht sogar Bauchschmerzen, Blähungen und Durchfall.

### 4 Industriell hergestellte Süße ist nicht vollständig erforscht

Obgleich sie seit Jahrzehnten eingesetzt wird, ist der Einfluss künstlicher Süße auf unseren Organismus nicht abschließend geklärt. Für jede Pro-Süßstoff-Studie findet sich mindestens eine dagegen. Die zugelassenen Produkte gelten zwar als sicher, dennoch weisen auch Behörden darauf hin, dass in diesem Bereich noch mehr geforscht werden muss. Das Bundesinstitut für Risikobewertung (BfR) rät, die festgelegten Höchstmengen nicht zu überschreiten. Besonders Schwangere sollten möglichst wenig Süßstoffe verwenden.

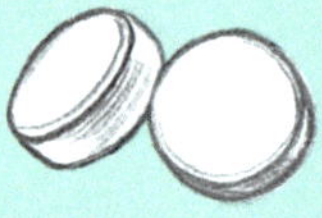

## 5 Labor-Süße heizt eventuell sogar die Naschlust an

Zunge an Gehirn: „Ich schmecke etwas Süßes!“ Doch wenn nun kein echter Zucker mit seinen Kalorien folgt, sondern nur energiefreie Labor-Süße, könnte das zu Verwirrung im Körper führen. Es gibt etliche Hinweise, dass einzelne Süßungsmittel zwar nicht den Blutzucker erhöhen, aber trotzdem zu einem Anstieg des Insulinspiegels führen. Das Gehirn erwartet Zuckernachschub (Selfish-Brain-Theorie), der aber ausbleibt, worauf das Gehirn sich getäuscht fühlt und den Appetit ankurbelt, damit der angekündigte Zucker auch kommt.



### Süßstoffe und Zuckeraustauschstoffe und ihre Abkürzungen

| **Süßstoffe** | **Zuckeraustauschstoffe** |
|---|---|
| Acesulfam K (E 950) | Erythrit (E 968) |
| Advantam (E 969) | Isomalt (E 953) |
| Aspartam (E 951) | Lacit (E 966) |
| Aspartam-Acesulfamsalz (E 962) | Maltit (E 965) |
| Cyclamat (E 952) | Mannit (E 421) |
| Neohesperidin DC (E 959) | Polyglycitolsirup (E 964) |
| Neotam (E 961) | Sorbit (E 420) |
| Saccharin (E 954) | Xylit (E 967) |
| Steviolglycoside (E 960) | |
| Sucralose (E 955) | |
| Thaumatin (E 957) | |

## *Apfel, Banane und Co. – warum auch Obst nur in Maßen gesund ist*

Lange galt Fruchtzucker als der gesündere Zucker. Er könne ohne Probleme auch in großen Mengen gegessen und getrunken werden, etwa als Obst oder in Form von Fruchtsäften, hieß es viele Jahre. Selbst Menschen, die unter Typ-2-Diabetes litten, durften kräftig zugreifen, da Fruktose den Blutzuckerspiegel kaum beeinflusst.

Doch bei genauerer Betrachtung stellte sich unter anderem genau das als großer Nachteil heraus. Denn Fruchtzucker wird nur in der Leber verarbeitet. Dort wird Fruktose zum Teil in Fettsäuren verstoffwechselt, die über den Blutkreislauf in den Organismus gelangen.

Große Mengen Fruktose überfordern die Leber allerdings, und sie beginnt selbst Fettsäuren einzulagern. Das ist der Beginn einer Fettleber, die außerdem eine Insulinresistenz entwickelt.

Heißt: Die Leber wehrt sich gegen einen weiteren Zuckerzufluss, in dem sie bildlich gesprochen „dicht“ macht und keinen Zucker mehr aufnimmt. Als Folge steigt der Blutzuckerspiegel im Blut immer stärker und die Bauchspeicheldrüse schüttet als Schutz-

**Frisches Obst ist in der Regel nicht der Übeltäter und wird tendenziell oft eher zu wenig gegessen. Denn Früchte enthalten wichtige Vitamine, Mineralstoffe und sekundäre Pflanzenstoffe. Außerdem stecken Äpfel und Co. voller Ballaststoffe. Sie sorgen nicht nur für eine schnellere Sättigung und gute Verdauung, sondern lassen auch den Blutzuckerspiegel langsamer steigen. In Ballaststoffen „verpackter“ Zucker ist entsprechend besser als aus Fruchtsäften, der ungebremst ins Blut rauscht.**

mechanismus immer mehr vom Masthormon Insulin aus. Die Insulinresistenz ist der Beginn des Typ-2-Diabetes und seiner Begleiterkrankungen.
Da unsere Leber nur circa 20 Gramm Fruktose pro Tag aufnehmen kann, sollten in erster Linie Obstsäfte und zugesetzter Fruchtzucker gestrichen werden.
Letzterer steckt aufgrund seiner hohen Süßkraft sehr häufig in großen Mengen in Müslis und Fertiggerichten. Sogar Haushaltszucker besteht zur Hälfte aus Fruchtzucker, ein Grund mehr, so oft es geht auf ihn zu verzichten. Fruchtzucker in großen Mengen führt bei vielen Menschen außerdem zu Beschwerden wie Blähungen und Bauchschmerzen. Manchmal liegt sogar eine Fruktose-Intoleranz vor, die ärztlich abgeklärt werden sollte.
Ein weiterer Nachteil: Während andere Zuckerarten wie Stärke für die Ausschüttung von Sättigungshormonen sorgen, passiert bei Fruktose nichts. Egal, wie viel wir davon essen: Die Lust auf Süßes bleibt.

**Beispiel:**
Ein Glas Apfelsaft mit 250 Milliliter Inhalt schlägt mit circa 28 Gramm Zucker und 115 Kalorien zu Buche, enthält aufgrund der Verarbeitung kaum mehr Vitamine und macht wegen der fehlenden Ballaststoffe nicht einmal satt. Ein 100 Gramm schwerer Apfel enthält dagegen rund zehn Gramm Zucker und 52 Kalorien. Dank seiner unverdaulichen Pflanzenbestandteile spüren wir ein lang anhaltendes Sättigungsgefühl und haben ganz nebenbei noch unser Vitamin-Konto aufgefüllt. Als Empfehlung gelten heute zwei Portionen Obst pro Tag. Das entspricht ungefähr 250 Gramm. Greifen Sie dabei vor allem zu zuckerärmeren Obstsorten wie Beerenfrüchten, Pfirsich oder Papaya.

## *Summ, summ, summ ... Auch Honig und Sirup sind Zucker*

Kann man Zucker in Tee oder Gebäck einfach durch natürliche Süßungsmittel ersetzen? Klingt logisch, sollte trotzdem nur dosiert passieren.
Honig, Kokosblütenzucker, Dicksäfte aus Äpfeln oder Birnen sowie Trockenfrüchte und Sirup aus Zuckerrüben und Ahorn stammen zwar aus natürlicher Quelle. Am Ende des Tages sind sie jedoch auch nur eines: Zucker. Honig hat übrigens so viele Kalorien wie Haushaltszucker. Deshalb sollten auch diese Produkte nur sparsam und selten genossen werden.

**Dennoch hat die Natursüße kleine Vorteile:**
- Alternativen wie Honig oder Ahornsirup haben eine stärkere Süßkraft als Haushaltszucker. Wir brauchen entsprechend weniger davon und sparen so Kalorien.
- In Honig, Ahornsirup und Trockenfrüchten stecken im Gegensatz zum Kristallzucker einige Vitamine. Hier finden sich auch Nährstoffe wie Kalium, Kalzium, Eisen, Magnesium und Zink. Allerdings liegen sie nur in sehr kleinen Mengen vor.

# Das Wunder der Kälte

## Warum Sie Kartoffeln und Co. abkühlen lassen sollten

### Verwandlung beim Abkühlen

Eigentlich gelten Kartoffeln, Nudeln aus Hartweizen oder Weißmehl sowie geschälter Reis nicht als ideale Lebensmittel bei zuckerarmer Ernährung. Der Grund: Sie enthalten viele leicht verdauliche Kohlenhydrate und lassen den Blutzuckerspiegel schneller ansteigen als ihre ballaststoffreichen Freunde aus Vollkorn.
Doch mit einem kleinen Trick können Sie Ihre Lieblingsbeilage genießen und sogar Ihrem Darm-Mikrobiom und Ihrer Gesundheit etwas Gutes tun. Zeigen Sie Knolle, Reis und Pasta ab sofort die kalte Schulter. Heißt: Nach dem Kochen sollten diese mindestens zwölf, besser 24 Stunden abkühlen. Dann verwandeln sich kleine Mengen, rund fünf bis zehn Prozent, in sogenannte resistente Stärke. Bei mehrmaligem Aufwärmen und Abkühlen erhöht sich der Anteil resistenter Stärke kaum. Dennoch bekommen abgekühlte Kartoffeln, Pasta oder Reis in der zuckerarmen Ernährung keinen Freifahrtschein. Sie sollten weiterhin nur in Maßen gegessen werden, da der Anteil der Kohlenhydrat-Last trotzdem relativ hoch bleibt.

## Resistente Stärke lässt den Blutzuckerspiegel kalt

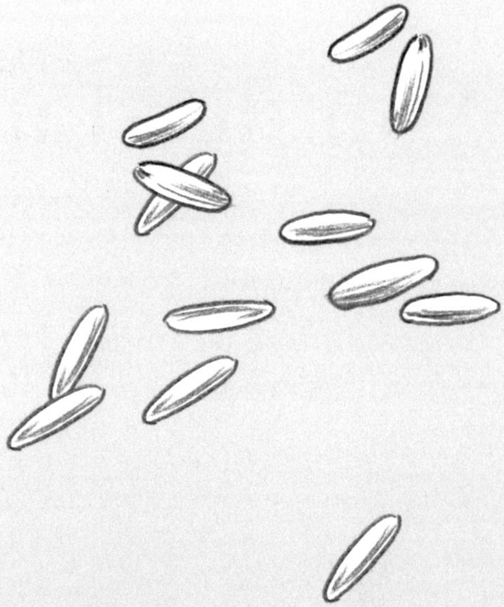

Während Kartoffeln, Reis und Nudeln erkalten, verändern Teile der enthaltenen Stärke ihre Struktur. Das führt nicht nur zu einem langsameren Anstieg des Blutzuckerspiegels, die resistente Stärke gelangt auch nahezu unverdaut in den Dickdarm. Dort wird sie von Milchsäurebakterien verstoffwechselt, und ein Gesundheits-Plus entsteht: Buttersäure.

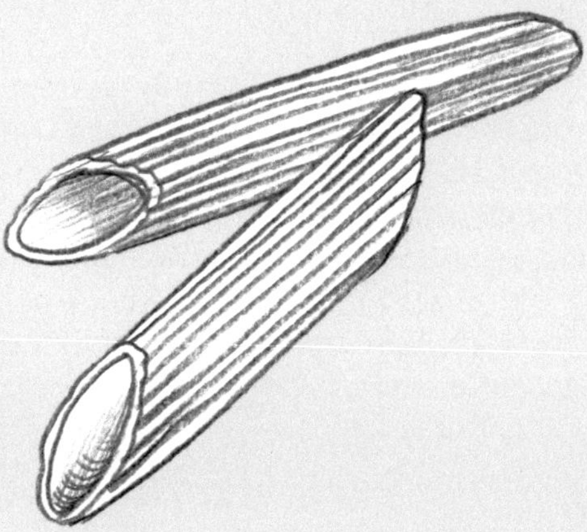

## Gute Lieferanten

Neben abgekühlten Kartoffeln, Nudeln und Reis enthalten viele Lebensmittel schon von Natur aus resistente Stärke. Einige Beispiele:

- Hülsenfrüchte
- Chia,- Lein, - und Flohsamen
- Möhren
- Vollkornhaferflocken

## Wie eine Säure Ihre Darmflora verwöhnt

Buttersäure (Butyrat) ist eine kurzkettige Fettsäure mit besonderen Vorzügen: Sie versorgt und pflegt die Darmschleimhaut. Darüber hinaus wird ihr eine entzündungshemmende Wirkung nachgesagt, etwa auf rheumatoide Arthritis. Auch die Blutfettwerte profitieren möglicherweise von Buttersäure.

# Von der Lust zur Last

**Auf den vorherigen Seiten haben Sie viel über Zucker gelernt. Doch was passiert eigentlich mit ihm in unserem Organismus? Beginnen wir mit einer kleinen Zuckertour durch unseren Körper**

## *So wirkt (zu viel) Zucker im Körper*

**Kohlenhydrate** Alle Arten von Kohlenhydraten werden im Körper zu Glukose (Traubenzucker) aufgespalten. Das passiert im ersten Schritt im Mund beim Zerkauen der Nahrung, vor allem beim Einspeicheln mit Enzymen, und setzt sich anschließend im Magen-Darm-Trakt fort.

**Zuckerspiegel** So gut wie alle Kohlenhydrate lassen den Blutzuckerspiegel ansteigen. Je weniger aber ein Produkt verarbeitet wurde, desto geringer fällt der Anstieg des Blutzuckers aus.

**Energieträger** Glukose landet im Dünndarm und wird ins Blut abgegeben. Von dort soll sie in die Zellen geschleust werden, um diese mit Energie zu versorgen.

**Zellöffner** Als Zellöffner dient das Hormon Insulin, das bei steigendem Blutzuckerspiegel automatisch von der Bauchspeicheldrüse ausgeschüttet wird.

**Zuckersenker** Insulin senkt den Blutzucker, sorgt dafür, dass unsere Zellen ausreichend Nahrung für ihre Arbeit erhalten und bewirkt, dass zu viele Kalorien in Form von Fett gespeichert werden.

**Ohne Insulin** Fruchtzucker dagegen wird insulinunabhängig verwertet, größere Mengen in der Leber aufgenommen, teilweise in Fettsäuren verwandelt und in den Blutkreislauf gegeben.

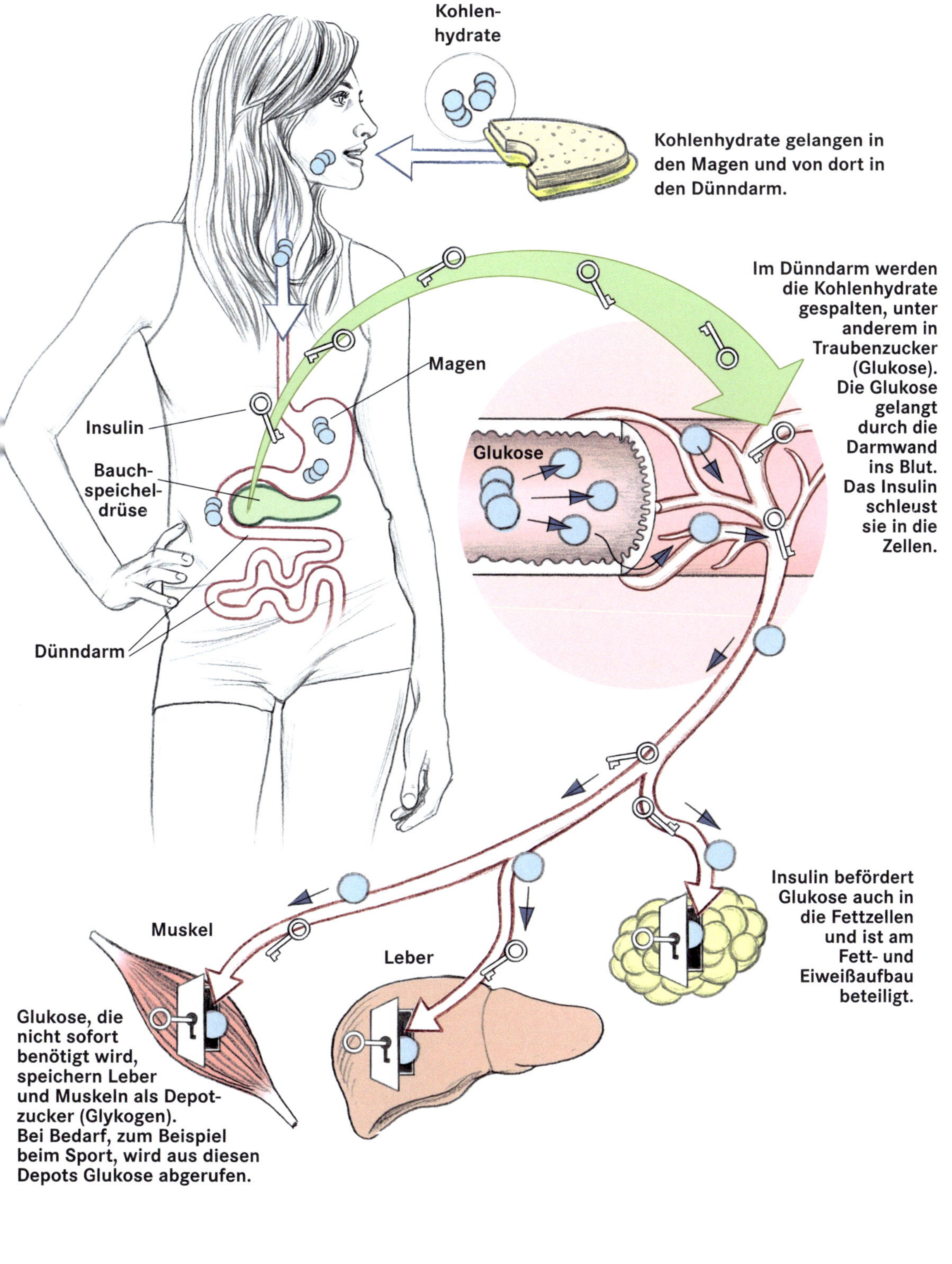

Kohlen-
hydrate
Kohlenhydrate gelangen in den Magen und von dort in den Dünndarm.
Im Dünndarm werden die Kohlenhydrate gespalten, unter anderem in Traubenzucker (Glukose). Die Glukose gelangt durch die Darmwand ins Blut. Das Insulin schleust sie in die Zellen.
Magen
Insulin
Bauch-
speichel-
drüse
Glukose
Dünndarm
Insulin befördert Glukose auch in die Fettzellen und ist am Fett- und Eiweißaufbau beteiligt.
Muskel
Leber
Glukose, die nicht sofort benötigt wird, speichern Leber und Muskeln als Depotzucker (Glykogen). Bei Bedarf, zum Beispiel beim Sport, wird aus diesen Depots Glukose abgerufen.

### *Im Rausch des Zuckers*

Unser Organismus braucht eine gewisse Blutzuckerkonzentration. Ein schnell fallender Blutzuckerspiegel nach vorangegangener Zuckerflut macht sich häufig durch Müdigkeit, Schlaffheit und Konzentrationsstörungen bemerkbar.

Um wieder fit zu werden, greifen viele Menschen wieder zu Süßem und konsumieren auf diese Weise viel zu viel freien Zucker. Zum Beispiel in Form von Haushaltszucker oder als Fruchtzucker in süßen Getränken. Die maximale Tagesempfehlung von 25 Gramm wird durchschnittlich um das Vierfache überschritten.

## *Wenn der Körper mit Zucker überflutet wird*

Einfacher Zucker treibt die Kalorienbilanz schnell und ohne gesundheitlichen Nutzen in die Höhe. Bewegungsmangel verschärft die Situation. Übergewicht oder sogar Fettleibigkeit (Adipositas) können die Folge sein. Ist der Blutzuckerspiegel ständig erhöht und der Körper steuert mit erhöhten Insulinmengen dagegen an, sprechen die Körperzellen, vor allem Leber- und Muskelzellen, mit der Zeit immer weniger auf das Hormon an. Es kommt zu einer Insulinresistenz und mit ihr zur Gefahr, an Diabetes Typ 2 zu erkranken.

Auf eine überzuckerte Mahlzeit folgen Blutzuckerspitzen, das heißt, der Blutzuckerspiegel schießt in die Höhe – und fällt in ähnlichem Tempo wieder ab. Die nächste Heißhungerattacke ist im Anmarsch.

Apropos Fruchtzucker: Unsere Leber kann nur circa 20 Gramm Fruchtzucker verstoffwechseln, danach steigt das Risiko, dass sie verfettet. Jeder Vierte in Deutschland leidet bereits unter einer Fettleber, ohne es zu wissen. Die ernährungsbedingte Fettleber begünstigt unter anderem eine Insulinresistenz sowie schwerwiegende Folgeerkrankungen wie: Bluthochdruck, Diabetes Typ 2, Entzündungen und Herz-Kreislauf-Erkrankungen.

## *Wie entsteht eigentlich Diabetes Typ 2?*

Unser Körper ist ein Wunderwerk. Eine gewisse Zeit schafft er es, zu große Mengen an Kohlenhydraten zu bunkern. Einmal wandern sie als unliebsame Fettpölsterchen auf Hüften, Bauch und Po. Andererseits verwandelt er überschüssige Glukose in Glykogen. In dieser besonderen Speicherform können Kohlenhydrate in der Leber deponiert werden. Im schlimmsten Fall wächst diese dann buchstäblich mit ihrer Aufgabe: Eine Fettleber entsteht. Kommt immer mehr Glukose aufgrund einer kohlenhydratreichen Ernährung dazu, fällt es den bereits gefüllten Fettzellen zunehmend schwerer, das süße Gift aufzunehmen. Klar, dass die Bauchspeicheldrüse immer mehr Insulin ausschüttet – das Hormon ist schließlich der Schlüssel, der die Zellen aufschließen soll. Die Folge: Streik! Die Zellen machen dicht und werden insulinresistent, was auf Dauer mit der Entwicklung eines Diabetes Typ 2 Hand in Hand geht.

## *Stoppen Sie den süßen Teufelskreis*

Mit nur zwei Veränderungen entkommen Sie dem Zucker-Dilemma:

**1.** Essen Sie grundsätzlich weniger Zucker und zwar in jeglicher Form. Wer sich gesund ernähren möchte, profitiert von einer pflanzenbasierten und eher eiweißreichen Ernährung mit weniger Kohlenhydraten.

**2.** Greifen Sie vor allem zu Lebensmitteln mit komplexen Kohlenhydraten, wie sie vor allem in Gemüse und Hülsenfrüchten vorkommen. An ihnen können und sollten Sie sich satt essen, ihr Anteil an Ihrem Speiseplan sollte täglich 500 Gramm betragen. Wenn Sie zu Brot, Nudeln oder Reis greifen, tun Sie das dennoch in Maßen und wählen möglichst immer die Vollkornvarianten.

# Schlau einkaufen: Den versteckten Zucker entlarven

**Begriffe wie „zuckerarm“ oder „zuckerfrei“ dürfen nur auf Produkten stehen, wenn diese bestimmte Kriterien erfüllen. Doch was bedeutet zuckerarm genau?**



***Der folgende Überblick zeigt, was in der Regel auf der Verpackung steht und was wirklich dahintersteckt.***

*Zuckerarm* In zuckerarmen Produkten dürfen pro 100 Gramm höchstens fünf Gramm Zucker enthalten sein. In flüssigen Lebensmitteln maximal 2,5 Gramm Zucker.

*Zuckerfrei* Pro 100 Gramm oder 100 Milliliter sind nur 0,5 Gramm Zucker erlaubt.

*Zuckerreduziert* Das Nahrungsmittel darf nur so heißen, wenn es mindestens 30 Prozent weniger Ein- und Zweifachzucker enthält als die herkömmlichen und vergleichbaren Lebensmittel.

*Ohne Zuckerzusatz* Heißt nicht zuckerfrei, sondern: Dem Produkt wurden lediglich weder Ein- oder Zweifachzucker und auch keine anderen süßenden Zusätze beigemengt.

Beim Einkaufen wird einiges getan, um uns zuckrige Lebensmittel schmackhaft zu machen. Auf diese Tricks sollten Sie nicht reinfallen.

### *Trick 1:*
### *Frisch gepresst*

In Supermärkten kann man selbst Orangensaft auspressen. Der schmeckt natürlich köstlich, enthält jedoch sehr viel Trauben- und Fruchtzucker und belastet Ihr Zucker-Konto erheblich.
**Besser:** Obst lieber essen als trinken. Auch alle anderen Fruchtsäfte links liegen lassen.

### *Trick 2:*
### *In der Komfortzone*

Hatten Sie oder Ihre Kinder schon mal Schwierigkeiten, an eine Tafel Schokolade heranzukommen? Weil sie ganz unten lag? Wahrscheinlich nicht, und das ist kein Zufall. Süßigkeiten werden meist in Augen- und Griffhöhe von Kindern gelagert, in sogenannten Sicht- und Greifzonen. Das Ziel: Gut gesehen werden und es den Einkaufenden – in diesem Fall den Kindern – so bequem wie möglich machen. Da wandert die Hand wie von selbst ins Regal. Gesundes liegt dagegen oft in der Reck- oder Bückzone von Erwachsenen.
**Besser:** Snack-Gänge umfahren, um gar nicht in Versuchung zu geraten.

### *Trick 3:*
### *Alles andere als dufte*

Mmmh, gleich am Anfang riecht es nach frischen Brötchen und duftet es nicht weiter hinten nach Kakao? Düfte und Musik werden gezielt eingesetzt, um zu Impulskäufen zu verleiten, also zu ungeplanten Spontankäufen.
**Besser:** Machen Sie sich einen Einkaufszettel, und halten Sie sich bei Ihrem Einkauf möglichst an diesen Plan.

### *Trick 4:*
### *Namen sind Schall und Rauch*

Auf zuckerreichen Lebensmitteln prangen oft große Aufkleber. „Weniger süß!", „Mit einer extra Portion Eiweiß" oder „Natürliche Fruchtsüße". Letztlich lenken diese Werbeversprechen nur vom eigentlichen Problem ab: dass in den meisten Produkten immer noch zu viel Zucker steckt. Dann spielt es keine Rolle mehr, ob in 100 Gramm Knuspermüsli statt 24 Gramm „nur" 20 Gramm Zucker stecken.
**Besser:** Schauen Sie auf die Nährwertangaben und – sofern vorhanden – auf den Nutri-Score. Er ist wie eine Ampel angeordnet: Grünes darf bedenkenlos in den Korb, Gelbes weniger, Rotes am besten gar nicht.

### *Trick 5:*
### *Probieren sorgt für Heißhungerattacken*

„Möchten Sie mal kosten?" Eine nette Frage von der Person am Verkostungsstand. Vor allem weil Sie tatsächlich ein kleines Hüngerchen verspüren. Doch wer schon in der Obstabteilung einen Schluck vom neuen Guavennektar probiert, am Süßigkeitenregal den frisch entwickelten Cake-to-go knabbert und am Fleischstand noch eine Gratisportion Fleischsalat snackt, hat nicht nur eine üppige Dosis Zucker intus. Mit großer Sicherheit folgt in Kürze auch eine Heißhungerattacke, wenn der erhöhte Blutzuckerspiegel wieder in den Keller rauscht.
**Besser:** Vermeiden Sie, hungrig einkaufen zu gehen. Das erhöht das Risiko, wahllos ungesunde Lebensmittel zu kaufen.

### *Diese Lebensmittel gehören zu einer zuckerarmen Ernährung*

Grundsätzlich zählen dazu alle Nahrungsmittel der Kategorie KKW, die

**K** einen<br>
**K** aum → **Zucker enthalten.**<br>
**W** enig

### *Die praktische KKW-Tabelle*

| **Kein Zucker**<br>*(< 0,8 g/100 g)* | **Kaum Zucker**<br>*(< 6 g/100 g)*<br>**(alles aus Spalte 1, ergänzt um):** | **Wenig Zucker**<br>*(< 24 g/100 g)*<br>**(alles aus Spalte 1 und 2, ergänzt um):** |
|---|---|---|
|  Fisch, Fleisch, Eier, Käse |  Nüsse, Samen, Kerne |  Frisches Obst wie Äpfel, Aprikosen, Beeren, Kiwi, Orange, Pfirsich, Pflaumen, Wassermelone und Zitrone |
|  Pilze, Salate, Gurken, Chicorée, Brokkoli, Spinat, Oliven und Avocado |  Gemüse wie Möhren und Paprika |  Nudeln, Reis und Brot als Vollkornprodukte |
|  Wasser, ungesüßter Tee und Kaffee | |  Milchprodukte wie Magerquark, Naturjoghurt |
|  Öle und Fette | |  Hülsenfrüchte und Pseudo-getreide wie Linsen, Erbsen und Couscous |

## *Ein Produkt, unzählig viele Namen*

Selbst wenn wir im Alltag den klassischen Kristallzucker verbannen und auch andere Süßungsmittel kaum nutzen, essen die meisten von uns immer noch mehr Zucker, als gut ist. Das liegt zum einen daran, dass viele Lebensmittel von Natur aus Kohlenhydrate enthalten. Zum anderen liegt es aber vor allem daran, dass die Lebensmittelindustrie große Mengen Zucker „versteckt“, erkennbar an der unten stehenden Liste.

**Begriffe, die mit -ose oder -dextrin enden, sind einfach nur andere Begriffe für Zucker. Enthält ein Produkt viele Inhaltsstoffe dieser Art: besser nicht kaufen.**

- **Agavendicksaft/-nektar**
- **Ahornsirup**
- **brauner Zucker**
- **Dattelzucker**
- **Dextrin**
- **Dextrose**
- **Fruchtzucker/Frucktose**
- **Glukose- und Fruktosesirup, auch Maiszucker, Maissirup, Stärkezuckeroder Stärkesirup genannt**
- **Galaktose**
- **Gerstenmalzextrakt**
- **Honig**
- **Invertzucker/-sirup**
- **Isoglukose**
- **Karamellzuckersirup**
- **Kokosblütenzucker**
- **Kokosnusszucker**
- **Maltodextrin**
- **Malzzucker/Maltose**
- **Melasse**
- **Milchzucker/Laktose**
- **modifizierte Stärke**
- **Raffinose**
- **Rübenzucker**
- **Saccharose**
- **Sorbit-Sirup**
- **Traubenzucker/Glukose**
- **Weizenstärke**
- **Zuckerrohrsaft**

# Achtung Zuckerfalle

## Gut getarnt! In vielen Produkten steckt mehr Zucker, als wir vermuten

Es ist bitter: Viele Lebensmittel entpuppen sich als süße Dickmacher. Vor allem in Fruchtsaftgetränken, in Fertigprodukten und anderen stark verarbeiteten Lebensmitteln stecken Zuckerberge. In rund 80 Prozent aller Produkte, die im Supermarkt verkauft werden, ist Zucker zugesetzt. Doch Zucker verbirgt sich auch dort, wo wir es überhaupt nicht vermuten: Er steckt fatalerweise auch in Lebensmitteln, die gar nicht süß schmecken – zum Beispiel im Senf, in Ketchup, Tütensuppen und in Gemüsekonserven. Auch in Saucen, Dressings, Tiefkühlpizzen und anderen Fertiggerichten versteckt sich das süße Element. Denn Zucker ist nicht nur ein Geschmacksträger. Er beeinflusst auch Konsistenz und Aussehen eines Produkts und konserviert es außerdem.

### Von Ketchup bis Rotkohl

**Das steckt in 100g / 100 ml:**

*3 g Zucker = 1 Würfelzucker*

**Ketchup**
**22 g Zucker**
**≈ 7,5 Würfel**

**Krautsalat**
**13 g Zucker**
**≈ 4,5 Würfel**

**Fruchtjoghurt**
**16 g Zucker**
**≈ 5,5 Würfel**

**Apfel- oder Orangensaft**
**12 g Zucker**
**4 Würfel**

**Knuspermüsli**
24 g Zucker
8 Würfel

**Ananas-konserve**
12 g Zucker
4 Würfel

**1 Dose Softdrink**
10,5 g Zucker
≈ 3,5 Würfel

**Bio-Brause**
5,7 g Zucker
2 Würfel

**Joghurtdrink mit Frucht**
15 g Zucker
5 Würfel

**Banane**
21,4 g Zucker
≈ 7 Würfel

**Weintraube**
15,6 g Zucker
≈ 5 Würfel

**Nutella**
55 g Zucker
≈ 18,5 Würfel

**Rotkohl im Glas**
11 g Zucker
≈ 3,5 Würfel

# Alkohol hat es in sich

## Neben Softdrinks und Fruchtsäften enthalten auch alkoholische Getränke viel Zucker

Alkohol ist mit sieben Kalorien pro Gramm der zweitkalorienreichste Nährstoff nach Fett, was bedeutet, dass man mit nur einem Glas täglich oft Hunderte von zusätzlichen Kalorien aufnimmt. Schuld ist die alkoholische Gärung, ein enzymatischer Prozess, bei dem Kohlenhydrate, hauptsächlich Glukose, zu Ethanol („Trinkalkohol“) und Kohlendioxid abgebaut, also vergoren werden. Hochprozentige alkoholische Getränke, wie Gin, Whiskey, Rum, Weinbrand, Cognac, Wodka oder Obstbrände wie Grappa und Co., enthalten zwar keinen Zucker, trotzdem aber jede Menge Kalorien. Sie sollten daher vermieden werden.

### Alkoholische Getränke von A – Z

**Das steckt in 200 ml:**

*3 g Zucker = 1 Würfelzucker*

**Bier, alkoholfrei**
*(je nach Sorte)*
**3 – 8 g Zucker**
**1 – 3 Würfel**

**Bier, Export/ Helles/Weizen**
*(je nach Sorte)*
**6 g Zucker**
**2 Würfel**

**Fruchtsaftlikör**
(30 Vol.-%)
**65 g Zucker**
**≈ 22 Würfel**

**Glühwein**
*(je nach Sorte)*
**28 g Zucker**
**≈ 9 Würfel**

**Kräuterlikör**
*(Bitterlikör, 35 Vol.-%)*
**20 g Zucker**
**≈ 7 Würfel**

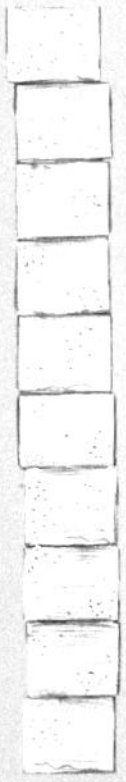

**Longdrinks mit Fruchtsaft**
*(z. B. Campari Orange)*
30 g Zucker
10 Würfel

**Radler/ Alster**
*(je nach Sorte)*
8 – 10 g Zucker
≈ 3 Würfel

**Roséwein**
6 – 7 g Zucker
≈ 2 Würfel

**Rotwein, trocken**
0,6 – 1,8 g Zucker
< 0,5 Würfel

**Rotwein, halbtrocken**
5 g Zucker
≈ 1,5 Würfel

**Sekt, halbtrocken**
8 g Zucker
≈ 2,5 Würfel

**Sekt, trocken**
4 g Zucker
≈ 1,5 Würfel

**Wein-Sekt-Getränk mit Likör/Sirup**
*(z. B. Hugo, Aperol Spritz)*
22 g Zucker
≈ 7,5 Würfel

**Weißwein, trocken**
1 g Zucker
< 0,5 Würfel

**Weißwein, halbtrocken**
5,2 g Zucker
≈ 2 Würfel

# Raus aus der Zuckerfalle

**Ohne Verzicht den Zuckerkonsum reduzieren? Mit der GESUND-Formel ist das viel einfacher, als Sie denken! Hinter jedem Buchstaben steckt ein simpler Trick**

---

**G** ***Gemüse.*** Der Löwenanteil Ihrer Ernährung sollte pflanzlichen Ursprungs sein. Denn Gemüse enthält gute komplexe Kohlenhydrate und sättigt dank des hohen Ballaststoffanteils lange.

**E** ***Eigenregie.*** Kochen Sie möglichst oft selbst. So wissen Sie anschließend genau, wie viel Zucker in Ihren Mahlzeiten steckt.

**S** ***Skepsis.*** Auf einer Verpackung wird mit einem niedrigen Zuckeranteil geworben? Schauen Sie sich die Portionsgröße an, die als Referenzwert genommen wird. Oft rechnet die Lebensmittelindustrie die Verzehrmengen absichtlich unrealistisch klein.

**U** ***Umstellung.*** Ob Weißbrot, Reis oder Nudeln. Alle Lebensmittel aus leeren Kohlenhydraten gibt es auch als lang anhaltend sättigende Vollkorn- oder Gemüse-Variante.

**N** ***Nein.*** Auch wenn es zu Anfang schwerfällt: Verbannen Sie gesüßte Getränke aus Ihrem Leben. So lässt sich ganz einfach Zucker einsparen.

**D** ***Dessert.*** Beim Nachtisch entscheidet der Zeitpunkt. Genießen Sie ihn direkt nach der Hauptmahlzeit. Dann läuft der Stoffwechsel bereits auf Hochtouren.

## G wie Gemüse

Von Artischocke bis Zucchini – im Idealfall sollten Sie täglich mindestens 500 Gramm Gemüse essen. Und zwar aus mehreren Gründen.

Die meisten Gemüsesorten enthalten gute Kohlenhydrate und sind sehr kalorienarm. Zu den Leichtgewichten zählen zum Beispiel: Brokkoli, Blumenkohl, Pilze, Spinat, Salat, Zucchini und Spargel. Gleichzeitig liefert Gemüse einen hohen Gehalt an Vitaminen, allen voran B- und C-Vitamine. Wegen der Ballaststoffe, der unverdaulichen Pflanzenfasern, muss Gemüse intensiv gekaut werden und verbleibt lange im Magen.

Das signalisiert dem Gehirn ein anhaltendes Sättigungsgefühl. Zudem bringen die wasserlöslichen und wasserunlöslichen Ballaststoffe unsere Verdauung auf Trab und verhindern Verstopfungen. Bitte dazu immer genügend trinken.

## E wie Eigenregie

Eigentlich ist es ganz einfach: Wer bewusst einkauft und selbst kocht, weiß, was anschließend vom Teller in den Bauch wandert. Denn nicht nur der Einkaufszettel hilft, im Supermarkt einen Bogen um das Schokoladenregal zu machen, auch die Portionen, die Fertiggerichte wie eine Tiefkühlpizza auf den Teller bringen, sind größer und enthalten mehr Energie, als wir verbrauchen. Das gilt nicht nur für Fett, sondern natürlich auch für Kohlenhydrate. Laut einer Studie der Johns Hopkins University in Baltimore gilt dabei: Viel (kochen), hilft viel. Je häufiger Menschen ihre Mahlzeiten selbst zubereiten, desto weniger Kalorien, Fett und Zucker nehmen sie zu sich – und sparen ganz nebenbei Geld.

## S wie Skepsis

„Nur 2,5 Gramm Zucker pro Portion!" Bei dermaßen vollmundigen Versprechen sollten bei Ihnen die Alarmglocken läuten. Ein genauer Blick entlarvt schnell die zum Teil grotesken Miniportionen, die als Berechnungsgrundlage veranschlagt wurden. Etwa 30 Gramm sind es bei vielen Cornflakessorten. Rechnen Sie den Zuckeranteil auf eine realistische Menge hoch, schnellt auch die Zuckermenge in die Höhe.

Ein weiterer Trick: Es werden viele unterschiedliche Zuckerarten eingesetzt. Denn Inhaltsstoffe müssen in der Zutatenlisten nach ihrer Menge aufgelistet werden. Was am meisten drinsteckt, muss am weitesten nach vorne. Werden 100 Gramm Zucker auf Zehn unterschiedliche Zuckerarten aufgeteilt und beigefügt, rutschen diese Angaben automatisch weiter nach hinten.

Gut zu wissen

**In den Nährwertangaben muss die Menge an Einfach- und Zweifachzucker separat ausgewiesen werden. Die Angabe „davon Zucker" finden Sie unterhalb der Kohlenhydrate. Dieser Wert sollte möglichst niedrig sein.**

## U wie Umstellung

Beim Zucker geht es, wie schon gesagt, nicht um einen totalen Verzicht. Es reicht, wenn Sie einen Bogen um freie Zucker machen wie den puren Haushaltszucker sowie um große Mengen an Fruchtzucker, wie er besonders in Fruchtsäften steckt. Sparsam sollten Sie auch mit Zuckeraustauschstoffen, Süßungsmitteln und Obstalternativen wie Honig oder Dicksäften sein sowie mit sehr süßen frischen Früchten und Trockenfrüchten (siehe Seite 19). Für alle gilt: Zucker ist und bleibt Zucker. Ein Zuviel wird zum Problem für unsere Gesundheit, egal in welcher Form. Sofern Sie einige Tage, vielleicht sogar einige Wochen Ihre Kohlenhydratspeicher aus puren Quellen wie Vollkornprodukten, Gemüse und Obst (in Maßen) füllen, werden Sie feststellen: Ihre Geschmacksnerven werden sensibler und die ewige Lust auf Süßes lässt nach. Zudem werden Ihnen viele Lebensmittel plötzlich unangenehm süß schmecken, sodass die generelle Umstellung auf eine zuckerarme Ernährung kein Problem mehr ist. Vielen Menschen gelingt die Umstellung leichter, wenn die Veränderungen nicht so extrem sind. Verringern Sie einfach Stück für Stück die Zuckermengen. In Rezepten können Sie die angegebene Grammzahl an Zucker ohne Geschmacksverlust um 30 Prozent herabsetzen.

**3 Gramm Kohlenhydrate entsprechen 1 Stück Würfelzucker (bezogen auf 100 Gramm/100 Milliliter). Schauen Sie doch mal nach, was in Ihrem Lieblingsgetränk steckt. Oft fällt das Nein anschließend viel leichter. Auch bei Getränken, die auf den ersten Blick gar nicht süß schmecken, steckt viel Zucker drin. Das betrifft vor allem Alkohol (siehe S. 32/33). Auch Produkten wie Soja- oder Hafermilch wird oft Zucker zugesetzt. Ein Blick auf die Liste der Inhaltsstoffe hilft, das richtige Produkt auszuwählen.**

## N wie Nein

Fast 40 Prozent unserer täglichen Zuckermenge stammt aus Fruchtsäften und Limonaden. Dicht gefolgt von Süßigkeiten. Wer konsequent süße Getränke auf seine persönliche Tabu-Liste setzt, spart Kalorien.

In einer Dose Limonade oder Cola (0,33 Liter) stecken durchschnittlich 11,5 Stücke Würfelzucker. Auch Bio-Erfrischungsgetränke sind keine Alternative. Eine Flasche mit 0,5 Liter enthält 9,5 Stücke Zucker.

0,25 Liter Fruchtsaft bringen es auf 8,5 Stück Würfelzucker. Viele Menschen decken mit einer einzigen Flasche schon die Hälfte der empfohlenen Zuckermenge pro Tag. Wasser ist tatsächlich das beste Getränk. Ist Ihnen auf Dauer jedoch zu langweilig?

Drei Ideen für mehr Geschmack im Glas:

**1.** Ungesüßte Früchte- und Kräutertees kann man warm und kalt genießen.

**2.** Frische Obst- und Gemüsestückchen zaubern Aroma ins Wasser. Im Sommer liefern tiefgekühlte Früchtchen gleich noch den Erfrischungskick dazu.

**3.** Spezielle Wasserflaschen arbeiten mit Duftmolekülen, die während des Trinkens durch die Nase eingeatmet werden. Sie erwecken den Eindruck von Geschmack (z. B. Orange, Erdbeere, Pfefferminze), obwohl man pures Wasser mit null Kalorien trinkt.



## D wie Dessert

Damit aus der Lust keine Last wird, sollten Sie den Obstsalat oder das Eis direkt nach einer Hauptmahlzeit vernaschen und keine Pause dazwischen einlegen. Der Grund: Fett und Eiweiß verlangsamen die Magenentleerung. Der Zucker gelangt dadurch verzögert ins Blut, der Blutzuckerspiegel steigt nicht schnell an, und es wird entsprechend weniger Insulin ausgeschüttet. Sündigen Sie erst nach einer Ess-Pause, wenn der Magen schon wieder gut geleert ist, muss das ganze System wieder hochgefahren werden. Die Folge: Die Bauchspeicheldrüse kommt nicht zur Ruhe und schüttet ständig Insulin aus. In dieser Zeit kann keine Fettverbrennung stattfinden, und das Risiko einer Insulinresistenz – und damit langfristig eines Diabetes Typ 2 – steigt.

## Die Zuckerspirale: Warum Süßes Lust auf mehr macht

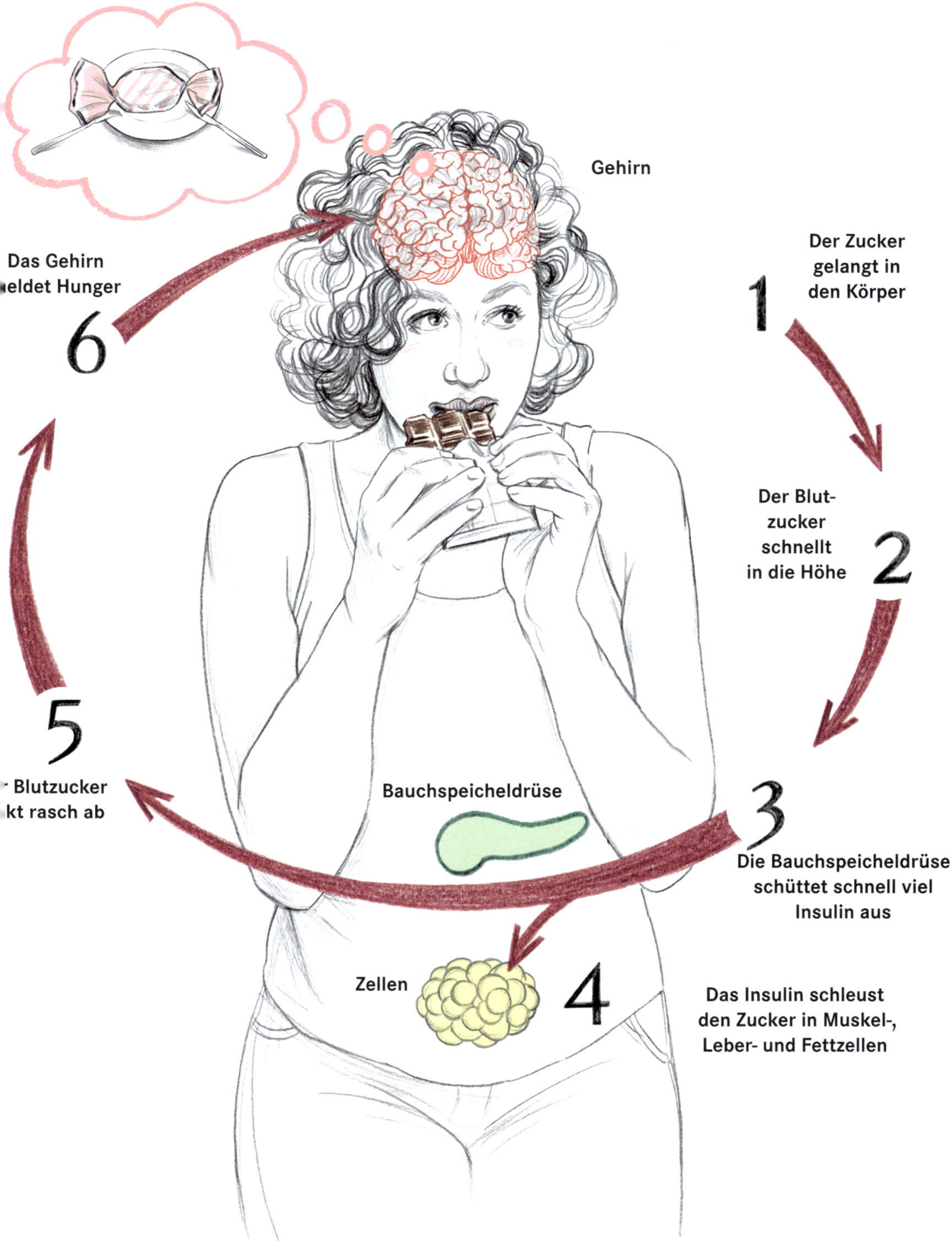

# Heißhunger widerstehen

**Eigentlich ist schon der Begriff Heißhunger falsch. Oft haben wir in solchen Momenten nur Lust auf etwas Süßes. Mit diesen Sofortmaßnahmen bleiben Sie standhaft**



### + *Trinken*

Nicht selten verwechseln wir Durst mit Appetit. Trinken Sie als Erstes ein großes Glas Wasser oder eine Tasse ungesüßten Kräuter- oder Früchtetee. Wahrscheinlich lässt das Bedürfnis, den Schokoriegel zu verputzen, schlagartig nach.

### + *Keine Verstecke!*

Gelegenheit macht Diebe, heißt es. Und das gilt leider auch fürs Plündern der Süßigkeitenvorräte. Wer weiß, dass hinter der Schranktür das Naschparadies beginnt, wirft schneller alle guten Vorsätze über Bord. Selbst wenn es schwerfällt: Häufig ist es der beste Weg, keine zuckrigen Sünden wie Kekse und Naschkram im Haus zu haben.

### + *Ablenken!*

Die Lust auf Schokolade oder Gummibärchen kommt überfallartig – und verschwindet auf die gleiche Weise. In der Regel innerhalb von 15 Minuten. Das zu wissen und die Zeit bewusst zu überbrücken, ist schon die halbe Miete. Rufen Sie in schwachen Momenten einen lieben Menschen an oder räumen Sie die Geschirrspülmaschine aus. Hilfreich ist es auch, sich auf eine knifflige Aufgabe wie ein Kreuzworträtsel oder Sudoku zu konzentrieren. So gewinnen Sie den Kampf gegen die Zeit.

### + *Satt essen!*

Auch Langeweile oder lange Ess-Pausen begünstigen Gelüste. Haben wir mal Leerlauf oder lange nichts gefuttert, neigen wir zu kleinen Knabber-Ausflügen. Achten Sie daher darauf, sich zu den Mahlzeiten satt zu essen, um Blutzuckerschwankungen zu vermeiden. Am besten gelingt das durch eine eiweißbetonte und ballaststoffreiche Ernährung. Nach einer Portion Rührei mit einer Scheibe Vollkornbrot werden Sie nicht so schnell Hunger oder Essgelüste verspüren wie nach einem Toast oder Weißbrot mit Marmelade.

## *Bitte bitter!*

Sauer macht zwar lustig, aber bitter dafür satt. Lebensmittel mit Bitterstoffen fördern nicht nur die Verdauung und lindern Magen-Darm-Beschwerden, sie hemmen auch den Appetit. Wer sie in seine Ernährung integriert, hat auch weniger mit Heißhunger zu kämpfen. Gute Bitterstofflieferanten sind: Artischocken, Rucola, Chicorée, Rosenkohl und Radicchio.

## *Zähne putzen!*

Putzen Sie sich die Zähne. Auf der einen Seite hemmt Pfefferminzgeschmack offenbar die Lust auf Süßes. Wer unterwegs ist, kann auch einen zuckerfreien Kaugummi kauen. Das Reinigen der Zähne aktiviert dazu noch die Vernunft, nach dem Putzen nicht mehr zu naschen. Einen ähnlichen Effekt soll übrigens auch Raumduft haben.

## *Spazieren gehen!*

Gehen Sie eine Runde stramm spazieren – und zwar so, dass sich Ihre Atemfrequenz erhöht und Sie etwas ins Schwitzen kommen. Körperliche Aktivität triggert wie Zucker ebenfalls das Belohnungssystem im Gehirn, indem es für die Ausschüttung von Glückshormonen sorgt. Ganz ohne Kalorien und sogar noch mit einem Benefit für Ihre Gesundheit!

## *Lust durchschauen!*

Heißhunger kann auch eine Reaktion auf emotionale Achterbahnfahrten sein. Gerade bei Stress belohnen oder trösten wir uns gerne, indem wir in eine Bonbontüte greifen. Diese Muster laufen unter Umständen unbewusst und automatisch ab, weil wir sie bereits in der Kindheit erlernt haben. Hier ist Achtsamkeit der Schlüssel: Seien Sie sich bewusst, dass Sie nur der Gedanke antreibt, zu snacken. Die Macht, was in den nächsten Minuten passiert, haben Sie selbst. Sie können den Gedanken weiterziehen lassen. Machen Sie lieber eine Pause, trinken einen Tee und sehen dann klarer.

## *Nachgeben!*

Es gibt solche Momente, in denen wir trotz aller Disziplin schwach werden und nur denken: Ich brauche jetzt einen Snack! Dann seien Sie nachsichtig mit sich, und verwandeln Sie diesen Augenblick bewusst in eine Genuss-Zeit. Einzige Voraussetzung: Sie naschen das Richtige und nur in einer kleinen Menge. Dafür eignet sich optimal ein Stück dunkle Schokolade. Je höher der Kakao-Anteil, desto weniger Zucker ist enthalten. 85 Prozent Kakao sollten es mindestens sein.
Oder Sie holen sich eine Handvoll naturbelassener Nüsse aus Ihrem Vorratsschrank. Bitte keine gezuckerten oder gesalzenen Nüsse wegknabbern, sie enthalten viel Fett und Zucker. Am besten kaufen Sie Nüsse immer mit Schale.

# Rezepte

**50 köstliche Beispiele, wie Sie beim Frühstück und bei kleinen oder großen Gerichten leichter auf Zucker und leere Kohlenhydrate verzichten können**

# Frühstück

# Jeden-Tag-Müslimix

**Für 500 g**
**(ca. 12 Portionen à 40 g)**

350 g 5-Korn-Flocken (Weizen-, Gersten-, Hafer-, Roggen- und Reisvollkornflocken)

50 g getrocknete Apfelringe

50 g Paranusskerne

2 EL Weizenkeime

25 g Quinoa-, Amarant- oder Dinkel-Pops

50 g getrocknete Cranberrys

50 g Kürbiskerne

*Zubereitung:*

1. Die Flocken in zwei Portionen in eine große Pfanne geben und ohne Fett unter Wenden jeweils etwa 5 Minuten anrösten, bis sie leicht Farbe annehmen. In eine große Schüssel geben und auskühlen lassen.

2. Die Apfelringe in kleine Stücke schneiden. Die Nüsse grob hacken. Apfelstücke, Nüsse, Weizenkeime, Pops, Cranberrys und Kürbiskerne zu den Flocken geben und alles gut vermischen. Den Müslimix in ein großes Vorratsglas füllen und kühl und dunkel aufbewahren.

Tipp: Pro Portion 4 EL Müslimix (etwa 40 g) mit 150 g Naturjoghurt oder 150 ml Milch und 100 g klein geschnittenem Obst mischen.

**Pro Portion Müsli ca. 190 kcal,**
**6 g EW, 6 g F, 25 g KH, 5 g BST**
**Zubereitungszeit ca. 15 Minuten**

**Statt des Flockenmix können Sie auch nur Haferflocken verwenden und die Trockenfrüchte, Nüsse und Kerne nach Belieben austauschen. Wer es knusprig mag, gibt statt der Pops ungesüßte Cornflakes dazu.**

# Quinoa-Kokos-Porridge *mit Erdbeeren*

**Für 2 Personen**

2 Handvoll Erdbeeren

1 EL Ghee oder Kokosöl

½ TL Zimtpulver

¼ TL gemahlener Kardamom

1 Prise gemahlene Vanille

80 g Quinoaflocken

150 ml Kokosmilch

1 TL Honig (nach Belieben)

einige Minzeblätter

***Zubereitung:***

1. Erdbeeren waschen, putzen und klein schneiden. In einem Topf Ghee oder Kokosöl erhitzen und die Gewürze darin kurz anrösten, bis sie duften.

2. Die Quinoaflocken mit der Kokosmilch und 150 ml Wasser dazugeben und so lange garen, bis die Flüssigkeit verkocht ist.

3. Das Porridge nach Belieben mit etwas Honig süßen. Die Minze waschen, trocken schütteln und grob hacken. Das Porridge auf Schalen verteilen und Erdbeeren und Minze daraufgeben.

**Pro Portion ca. 385 kcal,**
**7 g EW, 24 g F, 32 g KH, 4 g BST**
**Zubereitungszeit ca. 20 Minuten**

Dieses Porridge ist ideal im Sommer. Zu einer anderen Jahreszeit werden die Erdbeeren durch Birnen ersetzt, die Minze weggelassen und die Kokosmilch durch Mandeldrink ersetzt.

# Overnight Oats *mit Früchten*

**Für 2 Personen**

200 ml Milch

150 g Naturjoghurt

80 g kernige oder blütenzarte Haferflocken (siehe Tipp)

½ TL gemahlene Vanille

250 g Obst (z. B Beeren, nach Geschmack und Saison)

2 TL geröstete Kokoschips oder gehackte Pistazienkerne

***Zubereitung:***

1 Die Milch mit dem Joghurt in einer Schüssel glatt rühren. Die Haferflocken und die Vanille unterrühren. Die Mischung auf zwei Schraubgläser oder zwei Müslischalen verteilen. Die Gläser oder Schalen mit einem Deckel oder mit Frischhaltefolie verschließen und über Nacht in den Kühlschrank stellen.

2 Am nächsten Morgen das Obst je nach Sorte waschen, putzen und in mundgerechte Stücke schneiden. Die Overnight Oats noch einmal durchrühren und das Obst darauf verteilen. Mit Kokoschips oder Pistazien bestreuen.

**Pro Portion ca. 370 kcal,**
**12 g EW, 11 g F, 52 g KH, 7 g BST**
**Zubereitungszeit 10 Minuten**
**plus Kühlzeit über Nacht**

**Dieses Basisrezept kann immer wieder variiert werden. Statt Milch können Sie auch Wasser für die Oats verwenden. Die Wahl der Haferflocken ist Geschmackssache: Kernige Flocken behalten etwas Biss, mit zarten wird das Ganze besonders cremig.**

# Smoothie-Bowl *mit Beeren*

**Für 2 Portionen**

150 g gemischte TK-Beeren

1 große, reife Banane

25 g Chiasamen

Hanfsamen, Gojibeeren, Kokosraspel, Mandelblättchen oder Ähnliches zum Garnieren

***Zubereitung:***

1 Von den Beeren etwa 1 EL zum Garnieren beiseitelegen, die übrigen Beeren in einen Mixer oder einen hohen Rührbecher geben und etwa 5 Minuten antauen lassen. Die Banane schälen, ¼ Banane zum Garnieren beiseite legen, die übrige Banane in Stücke schneiden.

2 Die Bananenstücke und die Chiasamen – bis auf ½ TL zum Garnieren – zu den Beeren geben. 1 Schuss Wasser dazugeben und alles fein pürieren. Den Smoothie 5 bis 10 Minuten stehen lassen, dann noch mal gut durchmixen und auf zwei tiefe Teller oder flache Schalen verteilen.

3 Die übrige Banane in dünne Scheiben schneiden. Die Smoothie-Bowls mit den Bananenscheiben, den restlichen Beeren, den übrigen Chiasamen und weiteren Zutaten nach Wahl garnieren und servieren.

**Pro Portion ca. 220 kcal,**
**7 g EW, 9 g F, 22 g KH, 9 g BST**
**Zubereitungszeit ca. 15 Minuten**

# Schnelles Vollkornbrot *mit Nüssen*

**Für 1 Kastenform (25 cm Länge; ca. 16 Scheiben)**

Fett und Mehl für die Form

150 g Haselnusskerne

1 Würfel Hefe (42 g)

500 g Dinkelvollkornmehl

Salz

2 EL Apfelessig

*Zubereitung:*

1. Den Backofen auf 225 °C (Ober-/Unterhitze) vorheizen. Eine Kastenform einfetten und mit Mehl ausstäuben. Die Haselnüsse grob hacken. Die Hefe in eine Schüssel bröckeln, ½ l lauwarmes Wasser dazugießen und die Hefe unter Rühren im Wasser auflösen.

2. Das Mehl und 2 leicht gehäufte TL Salz in einer Rührschüssel mischen. Das Hefewasser, den Essig und die gehackten Nüsse dazugeben und mit den Knethaken des Handrührgeräts unterkneten. Etwa 3 Minuten weiterkneten, bis ein gleichmäßiger, eher flüssiger Teig entstanden ist.

3. Den Teig in die vorbereitete Form geben. Im Ofen auf der mittleren Schiene etwa 35 Minuten backen. Den Ofen ausschalten und das Brot etwa 5 Minuten im Ofen ruhen lassen, dann herausnehmen. Mit einem Messer vom Formrand lösen, aus der Form stürzen und auskühlen lassen.

**Pro Scheibe ca. 180 kcal,**
**6 g EW, 7 g F, 21 g KH, 4 g BST**
**Zubereitungszeit ca. 15 Minuten**
**plus 35 Minuten Backzeit**

# Buttermilchbrötchen *mit Apfel-Quark-Creme*

**Für 4 Stück**

200 g Vollkornmehl

1 Päckchen Backpulver

¼ TL Salz

200 g Magerquark

100 ml Buttermilch

1 Ei

50 g Rosinen

2 kleine süße Äpfel

1 EL Orangensaft

Nelkenpulver

Zimtpulver

1 Päckchen Vanillezucker

***Zubereitung:***

1 Den Backofen auf 200 °C (Ober-/Unterhitze) vorheizen. Mehl, Backpulver und Salz mit 100 g Quark, Buttermilch, Ei und Rosinen auf einer bemehlten Arbeitsfläche zu einem geschmeidigen Teig verkneten. Zu 4 Kugeln formen und auf einem mit Backpapier belegten Blech im Ofen ca. 25 Minuten backen.

2 Einen Apfel schälen, entkernen, klein schneiden, mit Orangensaft und restlichem Quark pürieren, mit Nelke, Zimt und Vanille würzen. Auf die abgekühlten Brötchenhälften streichen. Den zweiten Apfel waschen, halbieren, entkernen und in sehr dünne Spalten schneiden. Die Brötchen damit belegen.

**Pro Stück ca. 290 kcal,**
**16 g EW, 3 g F, 48 g KH, 7 g BST**
**Zubereitungszeit ca. 30 Minuten**
**plus ca. 25 Minuten Backzeit**

# Vollkornbrötchen *mit Grünkern*



**Für 16 Stück**

**Zum Vorbereiten:**

150 g Grünkern

400 ml kaltes Wasser

1 gestr. TL Salz

**Für den Hefeteig:**

250 g Weizenvollkornmehl

42 g frische Hefe

1 TL Zucker

225 ml lauwarmes Wasser

200 g Roggenmehl (Type 1150)

1 gestr. TL Salz

1 TL gemahlener Koriander

*Zubereitung:*

1. Zum Vorbereiten Grünkern mit Wasser und Salz in einem Topf zum Kochen bringen. Grünkern zugedeckt etwa 30 Minuten bei schwacher Hitze kochen lassen. Anschließend den Deckel abnehmen und so lange köcheln lassen, bis die restliche Flüssigkeit verdampft ist. Grünkern abkühlen lassen.

2. Für den Teig einen Vorteig herstellen. Dafür 1 EL Weizenvollkornmehl in eine Schüssel geben. Zerbröckelte Hefe, Zucker und etwas von dem Wasser hinzufügen, gut verrühren und zugedeckt stehen lassen, etwa 15 Minuten.

3. Beide Mehlsorten, vorbereiteten Grünkern, Salz und Koriander in einer Rührschüssel vermischen. Den gegangenen Vorteig und restliches Wasser hinzufügen. Die Zutaten mit den Knethaken des Handrührgeräts oder im Küchenmixer zunächst kurz auf niedrigster, dann auf höchster Stufe in etwa 5 Minuten zu einem glatten Teig verarbeiten.

4. Den Teig leicht mit Mehl bestäuben und zugedeckt so lange an einem warmen Ort gehen lassen, bis er sich sichtbar vergrößert hat, etwa 30 Minuten. Den gegangenen Teig leicht mit Mehl bestäuben, auf der leicht bemehlten Arbeitsfläche nochmals kurz verkneten.

5. Aus dem Teig eine Rolle formen und in 16 gleich große Portionen teilen. Aus jeder Teigportion ein längliches Brötchen formen. Die Teigbrötchen auf 2 mit Backpapier belegte Backbleche legen und nochmals zugedeckt so lange an einem warmen Ort gehen lassen, bis sie sich sichtbar vergrößert haben, etwa 20 Minuten.

6. In der Zwischenzeit den Backofen auf 200 °C (Ober-/Unterhitze) vorheizen. Die Teigbrötchen auf der Oberseite mit einem scharfen Messer 2-mal schräg einschneiden, nicht drücken. Zunächst mit Wasser bestreichen, dann mit Mehl bestäuben.

7. Die Backbleche nacheinander in den vorgeheizten Backofen schieben. Die Vollkornbrötchen etwa 30 Minuten je Backblech backen und auf Kuchenrosten erkalten lassen.



**Pro Stück ca. 140 kcal,**
**5 g EW, 1 g F, 25 g KH, 4 g BST**
**Zubereitungszeit 45 Minuten, ohne Abkühlzeit**
**Ruhe-/Gehzeit ca. 65 Minuten**
**Backzeit ca. 30 Minuten je Backblech**

# Drei Brotaufstriche

## Süß oder salzig: Unsere Cremes sind schnell gemacht

Gerade bei Frühstück und Abendbrot greifen wir aus Gewohnheit besonders gern zu Aufstrichen. Leider sind die aber oft sehr zuckerhaltig. Doch es gibt auch gesunde Alternativen, die nicht nur fantastisch schmecken, sondern auch noch eine Extraportion Vitamine und gute Fette enthalten. Ob süß oder deftig, hier dürfen Sie gerne zugreifen.

# Schoko-Nuss-Creme

## *mit Trockenpflaumen*



**Sie brauchen:**

50 g Trockenpflaumen

200 g geschälte Mandeln

200 g Haselnusskerne

4 EL Kokosöl

4 EL Rohkakaopulver

1 Msp. gemahlene Vanille

***Zubereitung:***

Die Trockenpflaumen in einer Schüssel mit Wasser bedecken und über Nacht einweichen. Dann abgießen und abtropfen lassen. Pflaumen, Mandeln und Haselnüsse in einem Hochleistungsmixer zu einer feinen Creme pürieren. Das Kokosöl leicht erwärmen und nach und nach dazugeben. Zum Schluss den Kakao und die Vanille untermixen. Im Kühlschrank aufbewahren und innerhalb von 3 Monaten aufbrauchen.

# Forellen-Meerrettich-Aufstrich *mit Kapern*

**Sie brauchen:**

150 g Räucherforellenfilet

1 TL Meerrettich (aus dem Glas)

100 g Frischkäse (13 % Fett)

1 EL körniger Senf

Saft von ½ Zitrone

Salz, Pfeffer aus der Mühle

1 EL Kapernäpfel (aus dem Glas)

***Zubereitung:***

Die Forellenfilets mit der Gabel in kleine Stücke zerteilen. Meerrettich, Frischkäse, Senf und den Zitronensaft dazugeben und verrühren. Salzen, pfeffern, auf Roggenvollkornbrot anrichten und mit Kapernäpfeln garnieren.

# Avocadocreme *mit Rucola und Pinienkernen*

**Sie brauchen:**

1 Handvoll Pinienkerne

1 sehr reife Avocado

1 Knoblauchzehe

1 EL Crème fraîche

1 Spritzer Zitronensaft

Salz, Pfeffer aus der Mühle

einige Blätter Rucola

***Zubereitung:***

Die Pinienkerne in einer Pfanne ohne Fett goldbraun rösten. Die Avocado halbieren und den Stein entfernen. Das Fruchtfleisch aus der Schale lösen und mit einer Gabel zerdrücken. Knoblauchzehe schälen und sehr fein reiben. Mit der Crème fraîche und dem Zitronensaft unterheben. Mit Salz und Pfeffer würzen. Rucola waschen, trocken schütteln und grob hacken. Die Avocadocreme auf Vollkornbrot mit den Pinienkernen und Rucola anrichten.

# Rührei *mit Radieschensalat*

**Für 2 Personen**

1 Frühlingszwiebel

100 g Radieschen

1 Kästchen Kresse

1 EL Leinöl

1 EL Balsamico bianco

½ TL mittelscharfer Senf

Salz, Pfeffer aus der Mühle

4 Eier

2 EL Kräuterfrischkäse

2 EL Rapsöl

2 EL Sonnenblumenkerne oder Salatkernemix

***Zubereitung:***

1 Die Frühlingszwiebel putzen, waschen und in feine Ringe schneiden. Radieschen putzen, waschen und in dünne Scheiben schneiden. Die Kresse vom Beet abschneiden, waschen und trocken tupfen.

2 Leinöl, Essig und Senf in einer Schüssel verquirlen und das Dressing mit Salz und Pfeffer würzen. Frühlingszwiebel, Radieschen und Kresse unterheben.

3 Die Eier in einen hohen Rührbecher aufschlagen. Kräuterfrischkäse, Salz und Pfeffer dazugeben und alles mit dem Schneebesen klümpchenfrei verquirlen.

4 Das Rapsöl in einer Pfanne erhitzen. Die Eiermischung hineingießen und bei mittlerer Hitze stocken lassen. Dabei die Eier immer wieder mit einem Pfannenwender vom Rand zur Pfannenmitte schieben.

5 Den Salat mit Salz und Pfeffer abschmecken. Das Rührei zusammen mit dem Salat auf zwei Tellern anrichten und mit den Kernen bestreut servieren.

**Pro Portion ca. 380 kcal,**
**18 g EW, 30 g F, 9 g KH, 2 g BST**
**Zubereitungszeit ca. 25 Minuten**

**Für 2 Gläser (à ca. 350 ml)**

200 g Rote Bete

10 g Ingwer

1 Apfel

½ EL Zitronensaft

50 ml Apfelsaft

½ TL Olivenöl

# Rote-Bete-Smoothie

***Zubereitung:***
Rote Bete, Ingwer und Apfel schälen. Alles in Stücke schneiden und im leistungsstarken Mixer mit dem Zitronensaft, Apfelsaft und Öl fein pürieren. Dabei ca. 200 ml kaltes Wasser einfließen lassen. Den Smoothie in 2 Gläser füllen und servieren.

**Pro Portion ca. 120 kcal,**
**2 g EW, 1 g F, 21 g KH, 4 g BST**
**Zubereitungszeit 10 Minuten**

**Für 2 Gläser (à ca. 300 ml)**

1 Avocado

2 Tomaten

½ Bund Koriandergrün

1 Knoblauchzehe

2 cm Ingwer

2 EL Limettensaft

2 EL Olivenöl

300 ml kalte Gemüsebrühe

Salz, Pfeffer aus der Mühle

¼–½ TL Chiliflocken



# Guacamole-Smoothie

***Zubereitung:***
Avocado halbieren und den Stein entfernen. Hälften schälen und das Fruchtfleisch in Würfel schneiden. Tomaten waschen, halbieren und ebenfalls in Würfel schneiden, dabei die Stielansätze entfernen. Koriander waschen, trocken schütteln und Blätter abzupfen. Knoblauch und Ingwer schälen und fein hacken. Die vorbereiteten Zutaten, Limettensaft, Olivenöl und Brühe in einem hohen Rührbecher mit dem Stabmixer oder im Küchenmixer fein pürieren. Smoothie mit Salz, Pfeffer und Chiliflocken abschmecken, in 2 Gläser gießen und nach Belieben mit Chiliflocken bestreuen.

**Pro Portion ca. 300 kcal,**
**3 g EW, 27 g F, 8 g KH, 6 g BST**
**Zubereitungszeit 15 Minuten**

# Vollkorn-Blinis *mit Hüttenkäse und Johannisbeeren*

**Für 2 Personen**

1 Ei

50 g Weizenvollkornmehl

50 g Buchweizenmehl

7,5 g frische Hefe

½ EL Honig

ca. 140 ml lauwarme Milch

1 EL flüssige Butter

½ TL Vanilleextrakt

Salz

20 g Butterschmalz (zum Braten)

75 g Rote Johannisbeeren

75 g Brombeeren

750 g Hüttenkäse

40 g Sultaninen

***Zubereitung:***

1. Das Ei trennen. Weizen- und Buchweizenmehl mischen. Die Hefe mit dem Honig in der Milch auflösen und mit der flüssigen Butter, dem Eigelb, Vanille und 1 Prise Salz unter das Mehl rühren. Sollte der Teig zu dick- oder dünnflüssig sein, die Milchmenge ein wenig variieren. Zugedeckt an einem warmen Ort ca. 30 Minuten gehen lassen. Das Eiweiß einstweilen kalt stellen, vor dem Backen steif schlagen und unter den Teig ziehen.

2. Jeweils etwas Butterschmalz in einer Pfanne erhitzen, mit einem Esslöffel Teighäufchen hineinsetzen und portionsweise von beiden Seiten jeweils 1 bis 2 Minuten goldbraun backen. Auf diese Weise ca. 4 Blinis ausbacken. Auf Küchenpapier abtropfen lassen und nach Belieben im Ofen bei 80 °C warm halten, bis alle Blinis fertig sind.

3. Die Beeren verlesen, waschen und trocken tupfen. Die Blinis auf Teller legen und den Hüttenkäse daraufgeben. Mit den Beeren und Sultaninen bestreut servieren.

**Pro Stück ca. 560 kcal,**
**20 g EW, 25 g F, 62 g KH, 5 g BST**
**Zubereitungszeit 1 Stunde**

# Kleine Gerichte

# Spinat-Kartoffel-Salat *mit Radieschen*

**Für 2 Personen**

400 g festkochende Kartoffeln

1 Ei

100 g Frühlingsspinat

1 rote Zwiebel

100 ml Gemüsebrühe (instant)

2 Gewürzgurken

3 Radieschen

1 kleine Knoblauchzehe

50 g Ziegenfrischkäse

½ EL Walnussöl

1 EL Apfelessig

Salz, Pfeffer aus der Mühle

***Zubereitung:***

1. Die Kartoffeln in Wasser ca. 25 Minuten garen. Etwas abkühlen lassen, pellen und in Scheiben schneiden. Die Kartoffeln 12 Stunden kühl stellen.

2. Am nächsten Tag das Ei 10 Minuten hart kochen. Spinat verlesen, waschen, putzen und abtropfen lassen. Zwiebel schälen, sehr fein hacken, in der Brühe kurz erhitzen und abkühlen lassen. Gewürzgurken in Scheiben schneiden. Radieschen waschen, putzen und ebenfalls in Scheiben schneiden. Knoblauch schälen und durch eine Presse drücken. Mit Frischkäse, Walnussöl, Essig und den Zwiebeln verrühren.

3. Das Ei pellen und vierteln. Kartoffeln mit der Sauce, den Gurken- und Radieschenscheiben verrühren. Den Spinat kurz vor dem Servieren untermengen. Mit Salz und Pfeffer würzen und mit den Ei-Vierteln anrichten.

**Pro Person ca. 310 kcal,**
**13 g EW, 14 g F, 32 g KH, 7 g BST**
**Zubereitungszeit ca. 30 Minuten**

Kochen Sie die Kartoffeln am Vortag und lassen Sie sie über Nacht abkühlen. So profitieren Sie von der resistenten Stärke. Infos dazu auf Seite 20

# Rucola-Salat *mit Roastbeef*

**Für 2 Personen**

90 g Rucola

100 g Roastbeef (dünn aufgeschnitten)

25 g Parmesan (am Stück)

2 EL Pinienkerne

1 kleine eingelegte Piri-Piri-Schote

1 ½ EL Aceto balsamico

Salz, Pfeffer aus der Mühle

½ TL mittelscharfer Senf

½ TL Honig

1 EL Olivenöl

1 EL Gemüsebrühe

***Zubereitung:***

1 Rucola verlesen, waschen und trocken schleudern, grobe Stiele entfernen. Den Salat auf Tellern anrichten. Die Roastbeefscheiben darauf verteilen. Den Parmesan darüberhobeln.

2 Pinienkerne in einer Pfanne ohne Fett anrösten. Piri-Piri-Schote in Ringe schneiden und mit Essig, Salz, Pfeffer, Senf, Honig, Olivenöl und Brühe zu einem Dressing verrühren. Über den Salat träufeln. Mit Pinienkernen bestreuen. Dazu schmeckt Vollkornbaguette.

**Pro Person ca. 220 kcal (ohne Baguette), 20 g EW, 12 g F, 3 g KH, 1 g BST**
**Zubereitungszeit ca. 20 Minuten**

Piri-Piri-Schoten heißen die scharfen Chilischoten in Portugal. Ursprünglich stammen sie vermutlich aus Mosambik. Wer seinen Salat nicht so scharf mag, nimmt nur ½ Schote oder würzt das Dressing mit Cayennepfeffer.

# Grüne Spargelsuppe *mit Fischklößchen*

**Für 2 Personen**

¼ Bund Dill

100 g Lachsfilet

1 EL Paniermehl

½ TL Zitronensaft

1 kleines Ei

25 g Frischkäse

Salz, Pfeffer aus der Mühle

250 g grüner Spargel

1 kleine Knoblauchzehe

1 kleine Zwiebel

1 EL Rapsöl

½ TL getrockneter Estragon

600 ml Gemüsebrühe

½ TL rosa Pfefferbeeren

***Zubereitung:***

1. Den Dill waschen, trocken schütteln und die feinen Zweige zusammen mit dem Lachsfilet, Paniermehl, Zitronensaft, Ei und Frischkäse fein pürieren. Mit Salz und Pfeffer würzen. Bei Bedarf noch etwas Paniermehl zur Lachscreme geben.

2. Den Spargel waschen, im unteren Drittel schälen und die holzigen Enden abschneiden. Die Spargelköpfe abschneiden und beiseitelegen. Die Stangen in Stücke teilen. Knoblauch und Zwiebel schälen, fein hacken und im heißen Öl dünsten. Spargelstücke und Estragon kurz mitdünsten und mit Brühe ablöschen. 15 Minuten garen.

3. In der Zwischenzeit die Lachscreme mit angefeuchteten Händen zu kleinen Klößchen formen. Die Suppe pürieren und mit Salz und Pfeffer würzen. Spargelköpfe darin bissfest garen und die Fischklößchen in der Suppe 5 Minuten knapp unter dem Siedepunkt ziehen lassen. Die Suppe mit zerdrückten roten Pfefferkörnern servieren.

**Pro Person ca. 185 kcal,**
**15 g EW, 11 g F, 7 g KH, 2 g BST**
**Zubereitungszeit ca. 40 Minuten**

Außerhalb der Spargelsaison passen auch Brokkoli oder Rosenkohl.

# Rotkohl-Linsen-Salat *mit Walnüssen*

**Für 2 Personen**

100 g grünbraune Tellerlinsen

200 g Rotkohl

3–4 EL Rotweinessig

1 EL Olivenöl

1 TL flüssiger Honig

1 Msp. Pimentpulver

1 Msp. Nelkenpulver

1 Msp. Zimtpulver

Salz, Pfeffer aus der Mühle

50 g Walnusskerne

1 saftige Birne

Zitronensaft zum Beträufeln

75 g Roquefort

***Zubereitung:***

1 Die Linsen in einem Sieb mit kaltem Wasser abbrausen und abtropfen lassen. In reichlich ungesalzenem Wasser aufkochen. Bei mittlerer Hitze 40 bis 45 Minuten garen.

2 Den Rotkohl putzen, vierteln, harten Strunk entfernen und den Kohl in sehr schmale Streifen schneiden oder hobeln. In eine Schüssel geben und mit kochendem Wasser überbrühen. 5 Minuten ziehen lassen, abgießen und abtropfen lassen.

3 Essig mit dem Öl und dem Honig verrühren, die Gewürze dazugeben, mit Salz und Pfeffer abschmecken. Walnüsse in einer beschichteten Pfanne ohne Fett rösten. Herausnehmen, abkühlen lassen und grob hacken.

4 Die Birne waschen, vierteln, entkernen und in dünne Spalten schneiden. Mit Zitronensaft beträufeln. Den Käse in kleine Würfel teilen. Die Linsen abgießen und lauwarm mit dem Kohl, den Birnen und der Vinaigrette mischen. Ca. 20 Minuten ziehen lassen, abschmecken und mit den Nüssen sowie dem Käse mischen.

**Pro Person ca. 580 kcal,**
**26 g EW, 35 g F, 37 g KH, 14 g BST**
**Zubereitungszeit 45 Minuten plus**
**Ziehzeit ca. 20 Minuten**

Hülsenfrüchte wie Linsen sollten immer ohne Salz gegart werden, da sich sonst die Garzeit verlängert. Am besten die Packungsangabe beachten.

# Low, No und Slow Carb
## Was steckt dahinter?

Es gibt unterschiedliche Wege, sich zuckerarm zu ernähren und entsprechend Kohlenhydrate (englisch: carb, Abkürzung für: carbohydrates) zu reduzieren oder sogar ganz auf sie zu verzichten. Eine Übersicht:

### Low Carb

Von Low-Carb-Ernährung ist die Rede, wenn nur zwischen 100 und 120 Gramm Kohlenhydrate pro Tag gegessen werden. Das entspricht ungefähr der Hälfte der Menge, die die Deutsche Gesellschaft für Ernährung (DGE) empfiehlt. Laut der DGE soll etwa 50 Prozent der täglichen Kalorienzufuhr durch möglichst komplexe Kohlenhydrate, etwa aus Vollkornprodukten, gedeckt werden. Dadurch kommt es weniger zu Blutzuckerschwankungen und Heißhungerattacken. Bei Low Carb dagegen werden Kohlenhydrate grundsätzlich reduziert und im Idealfall vor allem komplexe Carbs aus Gemüse, Hülsenfrüchten und Vollkornprodukten verzehrt. Es empfiehlt sich außerdem, den verringerten Kohlenhydratanteil in einer Mahlzeit durch Eiweiß zu ersetzen, wie etwa durch Eier, Milchprodukte oder mageres Fleisch.

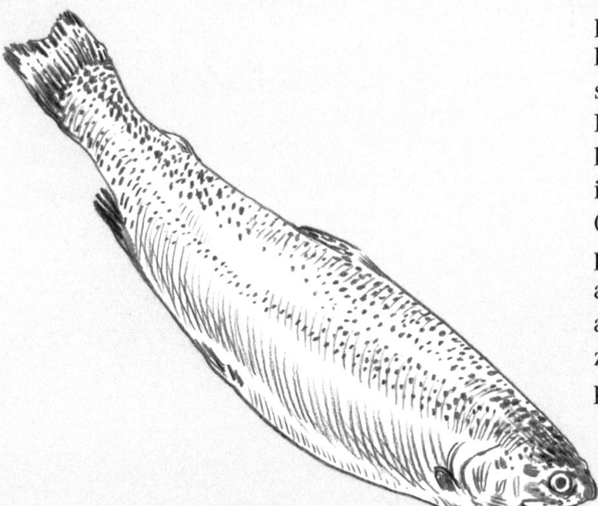

## No Carb

Bei der No-Carb-Ernährung wird noch stärker auf Kohlenhydrate verzichtet. Die Fans dieser Essensform versuchen, die Menge unter 30 Gramm pro Tag zu halten. Als Energiequelle nutzen sie vor allem Proteine und Fette, zum Beispiel Eier, Fleisch, Fisch, Milchprodukte, Nüsse, Samen, Öle und kohlenhydratfreies Gemüse.

Kohlenhydrate werden im Körper zum Energielieferanten Glukose verstoffwechselt. Besonders unser Gehirn braucht den Treibstoff, um optimal zu funktionieren. Essen wir keine Carbs, schaltet der Körper rasch in den sogenannten Hungerstoffwechsel um und zapft seine Fettreserven an. Dann greift er zu einem Trick, um an eine Glukose-Alternative zu kommen: Er baut unter anderem in der Leber aus Fett- und Aminosäuren Ketonkörper, die das System Mensch versorgen.

No-Carb-Ernährung ist umstritten. Sie ist mit eiserner Disziplin und einem starken Verzicht auf viele Lebensmittel verbunden. Wegen der Einschränkungen auf nur wenige Nahrungsquellen kann ein Vitaminmangel die Folge sein. Auch die langfristigen Folgen für den Körper sind nicht ausreichend erforscht. In Studien traten bei strengen Keto-Anhängern häufiger Herzprobleme auf.

## Slow Carb

Die Slow-Carb-Bewegung setzt auf den Zauber der Langsamkeit, daher auch die englische Bezeichnung Slow. Die Gemächlichkeit bezieht sich allerdings nicht auf die Anwender dieser Ernährungsweise, sondern auf die gewählten Kohlenhydrate.

Sie sollen ein wichtiges Kriterium erfüllen: nämlich vom Körper langsam verstoffwechselt werden, um einen konstanten Blutzuckerspiegel zu gewährleisten.
Dies hat den Vorteil, lange satt zu bleiben und seltener unter Heißhunger zu leiden.

Zu Slow Carbs zählen alle langkettigen, komplexen Kohlenhydrate. Sie stecken in stärke- und ballaststoffreichen Lebensmitteln wie Gemüse, Hülsenfrüchten und Vollkornprodukten.

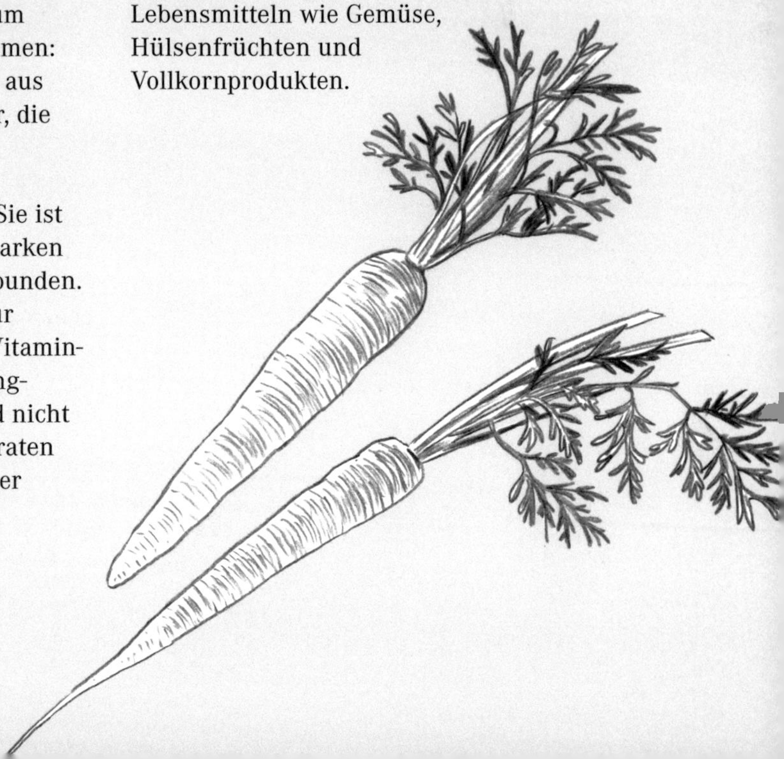

# Mairübchen-Carpaccio *mit Käse*

**Für 2 Personen**

250 g Mairübchen

1 EL Weißweinessig

1 EL Zitronensaft

Salz, Pfeffer aus der Mühle

½ TL flüssiger Honig

2 EL Öl

1 Handvoll Brunnenkresse oder gemischte Wildkräuter (vom Markt)

4 Radieschen

1 EL Haselnussblättchen

50 g Emmentaler oder Bergkäse (am Stück, ca. 45 % Fett)

*Zubereitung:*

1. Die Rübchen dünn schälen und in sehr feine Scheiben hobeln. Essig, Zitronensaft, 1 EL Wasser, Salz und Pfeffer verrühren, Honig und Öl unterrühren.

2. Kresse oder Kräuter waschen, trocken schütteln und grob zerzupfen. Radieschen putzen, waschen und in Scheiben schneiden. Die Haselnussblättchen in einer Pfanne ohne Fett rösten.

3. Rübchen und Radieschen fächerartig auf Teller verteilen. Mit dem Dressing beträufeln. Den Käse in feine Scheiben oder Späne hobeln. Auf dem Carpaccio verteilen, mit Haselnüssen und Kresse oder Kräutern garnieren.

**Pro Person ca. 265 kcal,**
**9 g EW, 20 g F, 8 g KH, 5 g BST**
**Zubereitungszeit ca. 20 Minuten**

# Feldsalat *mit Tomaten und Pilzen*

**Für 2 Personen**

200 g kleine Champignons

½ EL Pinienkerne

75 g Feldsalat

½ EL Olivenöl

½ TL getrockneter Rosmarin

½ EL Balsamico bianco

Salz, Pfeffer aus der Mühle

100 g gelbe Cocktailtomaten

100 g rote Cocktailtomaten

1 EL Walnussöl

***Zubereitung:***

1. Champignons putzen und trocken abreiben. Pinienkerne in einer beschichteten Pfanne ohne Fett kurz anrösten und herausnehmen. Feldsalat gründlich waschen, putzen und abtropfen lassen.

2. Das Öl in der Pfanne erhitzen, Pilze und Rosmarin darin bei mittlerer Hitze 10 Minuten dünsten. Essig dazugeben und mit Salz und Pfeffer würzen, abkühlen lassen.

3. Tomaten waschen, nach Belieben Stielansätze entfernen und die Tomaten vierteln. Mit Feldsalat, Champignons und Walnussöl vermengen, mit Salz und Pfeffer abschmecken, Pinienkerne darüberstreuen.

**Pro Person ca. 110 kcal,**
**5 g EW, 9 g F, 2 g KH, 4 g BST**
**Zubereitungszeit ca. 20 Minuten**

In Feldsalat stecken reichlich Eisen, Betacarotin und Vitamin C. Leider speichert er viel Nitrat. Bevorzugen Sie daher Bio-Ware, und verwenden Sie nur ganz frische Blätter.

# Rote-Bete-Salat *mit Schafskäse*

**Für 2 Personen**

100 g Feta

20 g Walnüsse

1 TL flüssiger Honig

5 g Ingwer

1 EL Walnussöl

1 EL Orangensaft

1 EL Zitronensaft

75 g Romanasalat

200 g Rote-Bete-Knollen (vorgegart, vakuumiert)

Salz, Pfeffer aus der Mühle

Chilipulver

***Zubereitung:***

1 Feta am Stück auf ein mit Backpapier belegtes Blech geben. Walnüsse grob hacken, mit Honig verrühren, die Hälfte auf den Käse streichen. Im Backofen unter dem heißen Grill kurz goldgelb überbacken und abkühlen lassen.

2 Ingwer schälen und fein reiben, mit Walnussöl, Orangen- und Zitronensaft sowie dem restlichen Walnuss-Honig-Mix verrühren. Salat putzen, waschen und in mundgerechte Stücke zerteilen.

3 Rote Bete und den gratinierten Käse in nicht zu kleine Würfel schneiden, mit Dressing und Salatblättern vorsichtig vermengen. Mit Salz, Pfeffer und wenig Chilipulver würzen.

**Pro Person ca. 310 kcal,**
**11 g EW, 23 g F, 12 g KH, 3 g BST**
**Zubereitungszeit ca. 20 Minuten**

# Tomatensuppe *mit Äpfeln*

**Für 2 Personen**

500 g Tomaten

1 großer Apfel

½ Bund Frühlingszwiebeln

1 Knoblauchzehe

1 EL Rapsöl

½ l Gemüsebrühe

25 g Walnusskerne

einige Stiele Basilikum

Salz, Pfeffer aus der Mühle

***Zubereitung:***

1. Die Tomaten kreuzweise einschneiden, überbrühen, abschrecken und häuten. Das Fruchtfleisch in kleine Stücke schneiden, dabei die Stielansätze entfernen.

2. Apfel waschen, schälen, vierteln, entkernen und klein schneiden. Frühlingszwiebeln putzen, waschen und in Röllchen schneiden. Knoblauch schälen und hacken.

3. Knoblauch und Frühlingszwiebeln im heißen Öl andünsten. Tomaten- und Apfelstücke dazugeben und mit Brühe ablöschen. 15 Minuten offen kochen lassen.

4. Die Walnüsse hacken und in einer beschichteten Pfanne ohne Fett anrösten. Basilikum waschen, trocken schütteln und die Blätter grob hacken, zu den gerösteten Walnüssen geben.

5. Die Suppe pürieren. Mit Salz und Pfeffer würzen und mit der Walnuss-Basilikum-Mischung bestreut servieren.

**Pro Person ca. 320 kcal,**
**7 g EW, 19 g F, 25 g KH, 8 g BST**
**Zubereitungszeit ca. 35 Minuten**

Wer die Suppe etwas andicken möchte, rührt 1 TL in wenig Wasser aufgelöste Stärke darunter und kocht die Suppe nach dem Pürieren nochmals auf.

# Spargelstangen *mit Räucherlachstatar*



**Für 2 Personen**

1 kleine Schalotte

¼ Bund Dill

50 g kleine Gewürzgurken

100 g Räucherlachs

1 TL süßer Senf

Salz, Pfeffer aus der Mühle

1–2 Spritzer Zitronensaft

500 g grüner Spargel

2 EL Rapsöl

125 ml Gemüsebrühe

***Zubereitung:***

1. Die Schalotte schälen. Den Dill waschen, trocken schütteln. Die feinen Dillzweige und die Schalotte sehr fein hacken. Gewürzgurken und Räucherlachs ebenfalls sehr fein hacken und mit Dill, Schalotten und Senf vermengen. Mit Salz, Pfeffer und Zitronensaft würzen.

2. Den Spargel waschen, im unteren Drittel schälen und die holzigen Enden abschneiden. Das Rapsöl in einer großen Pfanne erhitzen und die Stangen darin unter Schwenken dünsten. Mit der Brühe ablöschen, die Brühe offen verkochen lassen, dabei den Spargel bissfest garen.

3. Den Spargel mit Salz und Pfeffer würzen, mit dem Räucherlachstatar servieren.

**Pro Person ca. 220 kcal,**
**16 g EW, 12 g F, 8 g KH, 4 g BST**
**Zubereitungszeit ca. 35 Minuten**

# Gefüllte Tomaten
## *mit Feta und Sauerkraut*

**Für 2 Personen**

4 feste, große Tomaten

150 g rohes Sauerkraut

¼ TL getrockneter Thymian

¼ TL getrockneter Oregano

Salz, Pfeffer aus der Mühle

100 g Feta

½ EL Olivenöl

2 große Basilikumblätter

***Zubereitung:***

1 Die Tomaten waschen, einen „Deckel“ abschneiden und die Tomaten aushöhlen. Das Tomatenfruchtfleisch und Sauerkraut klein schneiden, in einem Sieb gut abtropfen lassen und ausdrücken. Thymian und Oregano untermischen, mit wenig Salz und Pfeffer würzen und in die Tomaten füllen. Den Backofen auf Grillstufe oder hohe Oberhitze vorheizen.

2 Die Tomaten in eine ofenfeste Auflaufform stellen. Den Feta klein schneiden, mit Öl vermischen und auf den Tomaten verteilen. Die „Deckel“ daraufsetzen und im vorgeheizten Ofen unter dem Grill oder bei starker Oberhitze etwa 3 bis 5 Minuten bräunen.

3 Basilikum waschen, trocken schütteln und die Blätter grob hacken. Die gefüllten Tomaten damit bestreuen.

**Pro Person ca. 190 kcal,**
**11 g EW, 13 g F, 5 g KH, 5 g BST**
**Zubereitungszeit ca. 20 Minuten**

# Linsen-Muffins *mit Romanasalat*

**Für 2 Personen**

30 g Berglinsen

30 g Parmesan

1 keine Knoblauchzehe

1 Möhre

1–2 Zweige glatte Petersilie

1 Ei

½ TL Zitronensaft

50 g Magerquark

Cayennepfeffer

Salz, Pfeffer aus der Mühle

1 kleines Romanasalat-Herz

1 EL Olivenöl

½ EL Balsamico bianco

1 EL Apfelsaft

***Zubereitung:***

1. Linsen in reichlich Wasser ca. 25 Minuten weich kochen, abtropfen lassen. Parmesan reiben. Knoblauch schälen und durch eine Presse drücken. Möhre putzen, schälen und raspeln. Petersilie waschen, trocken schütteln, die Blätter abzupfen und klein hacken.

2. Den Backofen auf 200 °C (Ober-/Unterhitze) vorheizen. Das Ei trennen, das Eiweiß steif schlagen. Eigelb mit Parmesan, Knoblauch, Möhre, Petersilie, Zitronensaft und Quark zu den Linsen geben und gründlich mischen. Mit Cayennepfeffer, Salz und Pfeffer würzen. Den Eischnee vorsichtig unterheben. Die Linsenmasse in 4 gefettete Muffinförmchen geben und im vorgeheizten Ofen 20 Minuten backen.

3. Den Salat in Blätter zerteilen, waschen und trocken schütteln. Olivenöl, Essig und Apfelsaft verrühren, mit Salz und Pfeffer würzen und das Dressing über den Salat träufeln. Muffins vorsichtig aus den Formen lösen und zum Salat servieren.

**Pro Person ca. 260 kcal,**
**16 g EW, 13 g F, 17 g KH, 4 g BST**
**Zubereitungszeit ca. 30 Minuten**
**plus ca. 20 Minuten Backzeit**

# Shakshuka *mit Paprika*

**Für 2 Personen**

1 gelbe oder orangefarbene Paprikaschote

1 kleine grüne Chilischote

400 g reife Eier- oder Flaschentomaten

1 kleine Zwiebel

1 kleine Knoblauchzehe

1–2 EL Olivenöl

Salz, Pfeffer aus der Mühle

½ TL Zucker

½ EL Paprikapulver (edelsüß)

½ EL gemahlener Kreuzkümmel

2 Eier

½ Bund Petersilie

***Zubereitung:***

1 Die Paprikaschoten längs halbieren, entkernen, waschen und in Streifen schneiden. Die Chilischote längs halbieren, entkernen, waschen und in feine Würfel schneiden.

2 Tomaten mit kochendem Wasser übergießen, häuten, halbieren und entkernen. Das Fruchtfleisch grob würfeln.

3 Zwiebel und Knoblauch schälen und in feine Würfel schneiden. Mit Paprika und Chilischote in einer Pfanne im Olivenöl andünsten und die Tomaten hinzufügen.

4 Das Gemüse offen bei mittlerer Hitze etwa 15 Minuten einköcheln lassen. Mit Salz, Pfeffer, Zucker, Paprikapulver und Kreuzkümmel würzen.

5 Zwei Mulden in die Tomatensauce drücken, die Eier hineinschlagen. Zugedeckt 5 Minuten garen. Die Petersilie waschen und trocken schütteln, die Blätter abzupfen und fein hacken. Die Shakshuka noch mal abschmecken und mit der Petersilie bestreut servieren.

**Pro Person ca. 250 kcal,**
**11 g EW, 15 g F, 14 g KH, 6 g BST**
**Zubereitungszeit ca. 40 Minuten**

# Hauptgerichte

# Kichererbsencurry *mit Spinat*

**Für 2 Personen**

1 Glas gegarte Kichererbsen (250 g Abtropfgewicht)

200 g Kürbis (Muskatkürbis)

75 g Spinat (oder 125 g TK-Blattspinat)

1 kleine Zwiebel

1 Stück Ingwer

1 TL Butter

1 TL Rapsöl

1 EL mildes Currypulver

½ TL gemahlener Kreuzkümmel

100 ml Gemüsebrühe

200 ml Kokosmilch (ungesüßt)

1 EL Rosinen

Salz, Pfeffer aus der Mühle

Saft von 1 Limette

***Zubereitung:***

1. Die Kichererbsen in einem Sieb abtropfen lassen. Kürbis schälen, entkernen und in Würfel schneiden. Frischen Spinat verlesen, waschen, grobe Stiele entfernen und Spinat in Streifen schneiden. TK-Spinat auftauen lassen und gut ausdrücken. Zwiebel und Ingwer schälen und in kleine Würfel schneiden.

2. Zwiebel und Ingwer in Butter und Öl glasig dünsten. Mit Curry und Kreuzkümmel bestäuben und mitdünsten. Mit Gemüsebrühe ablöschen, Kokosmilch hinzufügen und alles kurz aufkochen. Spinat, Kichererbsen, Kürbis sowie Rosinen dazugeben und bei schwacher Hitze etwa 15 Minuten köcheln lassen.

3. Das Curry mit Salz und Pfeffer würzen. Mit Limettensaft abschmecken. Bei Bedarf noch Brühe ergänzen oder, falls zu flüssig, mit Speisestärke andicken. Dazu passt Vollkorn-Basmatireis.

**Pro Person ca. 510 kcal (ohne Reis), 14 g EW, 31 g F, 37 g KH, 9 g BST**
**Zubereitungszeit 30 Minuten (ohne Einweichen und Vorgaren)**

Werden getrocknete Kichererbsen verwendet, 125 g mindestens 12, besser 24 Stunden einweichen. Das Wasser abgießen, die Erbsen waschen und 2 Stunden in frischem Wasser ohne Salz garen, bis sie weich sind.

# Lasagne *mit Gemüse-Tofunaise*

**Für 2 Personen**

1 kleine Zucchini (100 g)

150 g Wurzelgemüse (z. B. Möhren, Sellerie)

1 kleine Zwiebel

1 TL gekörnte Gemüsebrühe

1 EL Sojasauce

1 TL Balsamico bianco

150 g Tofu (natur)

1 EL Olivenöl

1 EL Tomatenmark

1 EL getrockneter Oregano

Salz, Pfeffer aus der Mühle

125 g Mozzarella

200 g saure Sahne (10 % Fett)

4 Vollkorn-Lasagneplatten (ca. 70 g)

**Lasagne ohne Hackfleisch? Das geht. Tofu ist in diesem Rezept der Ersatz dafür, denn der Sojaquark ist sehr proteinreich und enthält zudem noch viele Vitamine und Mineralstoffe und ist eine gute Quelle für Eisen.**

***Zubereitung:***

1. Zucchini putzen, waschen, längs vierteln und in Scheiben schneiden. Das Wurzelgemüse putzen, schälen und in kleine Würfel schneiden. Die Zwiebel schälen und fein schneiden.

2. Die Brühe mit ca. 130 ml Wasser, Sojasauce und Essig verrühren. Den Tofu zerkrümeln und im heißen Öl in einer beschichteten Pfanne anbraten. Zwiebel hinzufügen und etwa 4 Minuten mitrösten. Gemüsewürfel und Zucchinischeiben dazugeben, weitere 4 Minuten braten. Tomatenmark und Oregano unterrühren, mit dem Brühe-Saucen-Essig-Mix ablöschen, etwa 3 Minuten zugedeckt köcheln lassen. Mit Salz und Pfeffer würzen.

3. Den Backofen auf 180 °C (Ober-/Unterhitze) vorheizen. Mozzarella grob reiben. Die saure Sahne mit der Hälfte des Mozzarellas vermischen, salzen und pfeffern.

4. Ein Drittel dieser Käsecreme in einer kleinen Auflaufform (ca. 18 x 20 cm) verstreichen und zwei Lasagneplatten darauflegen. Die Gemüse-Tofunaise und ein weiteres Drittel Käsecreme darauf verteilen. Mit Lasagneplatten abdecken. Restliche Käsecreme darauf verteilen und mit Mozzarella bestreuen. Die Lasagne im vorgeheizten Ofen etwa 35 Minuten backen.

**Pro Person ca. 655 kcal,**
**31 g EW, 44 g F, 32 g KH, 4 g BST**
**Zubereitungszeit etwa 35 Minuten**
**plus 35 Minuten Backzeit**

# Vollkornpasta *mit Grünkohl und Kürbis*



**Für 2 Personen**

140 g Vollkornnudeln (z. B. Tortiglioni, Rigatoni)

150 g zarter Grünkohl (frisch oder TK)

2 kleine rote Zwiebeln

150 g Hokkaidokürbis

2 EL Öl

1 Knoblauchzehe

ca. 150 ml Gemüsebrühe (instant)

4 EL Orangensaft

Salz, Pfeffer aus der Mühle

frisch geriebene Muskatnuss

40 g Lachsschinken

20 g Kürbiskerne

40 g geriebener Bergkäse

***Zubereitung:***

1. Die Nudeln nach Packungsanweisung bissfest garen. Frischen Grünkohl verlesen, die Blätter von den Stielen zupfen, waschen und grob zerkleinern. In kochendem Wasser 3 Minuten blanchieren. Abgießen, abschrecken und trocken tupfen. TK-Grünkohl nach Packungsanweisung auftauen und garen.

2. Zwiebeln schälen und in Streifen schneiden. Kürbis waschen und in kurze Stifte schneiden. Beides in einer beschichteten Pfanne im Öl andünsten. Knoblauch schälen und hacken. Mit dem Kohl dazugeben und kurz mitdünsten. Mit Brühe aufkochen und zugedeckt 5 Minuten garen. Den Saft untermischen und mit Salz, Pfeffer und Muskatnuss abschmecken.

3. Den Schinken in Würfel schneiden. Die Kürbiskerne in einer Pfanne ohne Fett rösten. Abgetropfte Nudeln mit Gemüse, Schinken und evtl. etwas heißer Brühe mischen. Mit Käse und Kürbiskernen bestreuen.

**Pro Person ca. 580 kcal,**
**26 g EW, 25 g F, 58 g KH, 7 g BST**
**Zubereitungszeit 30 Minuten**

# Clever tauschen, gesünder leben

## Die besten Nudelalternativen

Keine Frage: Nudeln sind köstlich, aber aus Hartweizengrieß oder Weißmehl nicht die beste Wahl. Wir erkennen es daran, dass uns nach einer Portion Spaghetti schnell wieder der Magen knurrt. Die gute Nachricht: Die Regale sind mittlerweile voller Alternativen, die den Blutzuckerspiegel nicht in die Höhe treiben und deshalb auch länger sättigen. Die richtige Wahl entscheidet also.

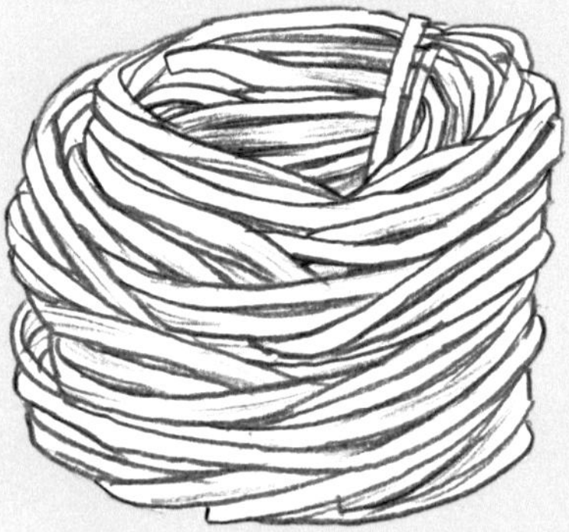



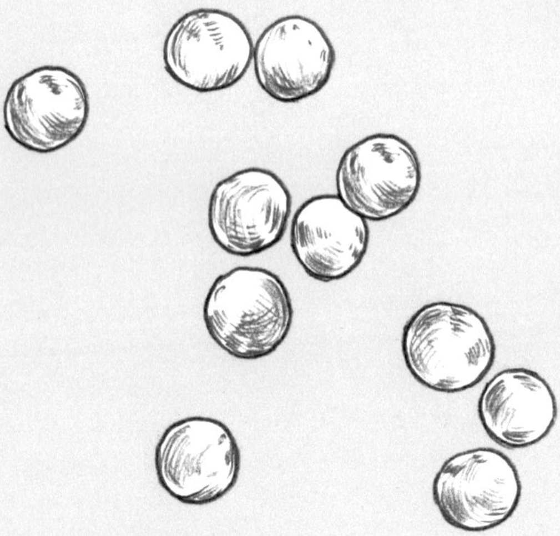

### Nudeln aus Hülsenfrüchten

Es gibt sie aus Kichererbsen, roten Linsen, Sojabohnen, schwarzen Bohnen und grünen Erbsen. Diese Varianten haben gleich mehrere Vorteile:

- Hülsenfrüchte sind proteinreich und machen lange satt.
- Nudeln auf Hülsenfruchtbasis haben einen intensiveren Eigengeschmack als herkömmliche Nudeln. Oft geht dieser in die nussige Richtung.
- Pasta aus Linsen & Co. enthalten mehr Mineralstoffe, Vitamine und Ballaststoffe, dafür wenig Kohlenhydrate.
- Hülsenfrucht-Nudeln sind vegan und glutenfrei. Von letzterem profitieren Menschen mit einer Glutenunverträglichkeit.
- Nudeln auf Hülsenfruchtbasis haben einen intensiveren Eigengeschmack alsherkömmliche Nudeln. Probieren Sie sie mit eher kräftigen Saucen. Sie können die Nudeln auch mit den herkömmlichen mischen.

## Pasta aus Gemüse

Dünn geschnitten oder mit einem Spiralschneider können Sie auch aus frischen Möhren und Zucchini selbst Nudeln produzieren. Die Pluspunkte:

+ ballastoff- und nährstoffreich
+ kalorienarm und fettfrei
+ vegan, gluten- und laktosefrei

## Nudeln aus Vollkorn

Als Vollkorn darf nur Korn bezeichnet werden, von dem nach der Ernte lediglich die nicht essbaren Pflanzenteile entfernt wurden. Keim, Mehlkorn und Schale müssen erhalten bleiben. Entsprechend haben Vollkornnudeln folgende Benefits:

- Sie enthalten gesunde Ballaststoffe, Öle, Vitamine und Mineralstoffe.
- Sie sorgen dafür, dass die komplexen Kohlenhydrate den Blutzuckerspiegel nur langsam ansteigen lassen. Deshalb sind Vollkornnudeln in puncto zuckerarmer Ernährung eine gute Wahl.
- Durch die unverdaulichen Pflanzenbestandteile (Ballaststoffe) machen Vollkornprodukte schnell und lange satt und sind gut für den Darm und die Verdauung. Bitte ausreichend trinken, da es bei Flüssigkeitsmangel zu Verstopfungen kommen kann.
- Es gibt sie auch als Hartweizen-Vollkornnudeln.

## Nudeln ohne Kohlenhydrate

Auch das geht tatsächlich – dank einer Pflanze: der asiatischen Konjakwurzel. Aus ihrem Mehl werden in Kombination mit Wasser und Stabilisatoren komplett kohlenhydratfreie Nudeln hergestellt. Doch Konjak-Pasta kann noch mehr:

+ Sie ist fett- und kalorienarm,
+ reich an Ballaststoffen,
+ vegan und glutenfrei

# Blumenkohl-Linsen-Pasta *mit Tomatenpesto*

**Für 2 Personen:**

200 g Linsen-Fusilli

Salz

125 g Blumenkohl

1 Schalotte

ca. 40 ml Olivenöl

1–2 EL Pinienkerne

60 g getrocknete Tomaten

50 g geschälte Tomaten (aus der Dose)

2 EL Parmesan

Pfeffer aus der Mühle

1 EL gehackte Petersilie

***Zubereitung:***

1. Die Fusilli nach Packungsangabe in kochendem Salzwasser bissfest garen, abgießen und abtropfen lassen.

2. Den Blumenkohl putzen, in Röschen teilen und im kochenden Salzwasser 4 Minuten blanchieren, abgießen und abtropfen lassen.

3. Die Schalotte schälen und zusammen mit dem Blumenkohl in 1 EL Olivenöl in einer Pfanne anbraten. Die Pinienkerne in einer Pfanne ohne Fett rösten.

4. Aus getrockneten Tomaten, restlichem Olivenöl, geschälten Tomaten, Pinienkernen und 1 EL Parmesan ein Pesto mixen. Zum Blumenkohl in die Pfanne geben, unterrühren, die Nudeln hinzufügen, durchschwenken und mit Salz und Pfeffer abschmecken. Auf Tellern anrichten und mit Petersilie und restlichem Parmesan bestreut servieren.

**Pro Person ca. 740 kcal,**
**19 g EW, 35 g F, 86 g KH, 5 g BST**
**Zubereitungszeit 40 Minuten**

# Kürbis-Pasta
# *mit Gorgonzoladip*

**Für 2 Personen**

**Für den Kürbis:**

30 g getrocknete Cranberrys

750 g Butternusskürbis

1 Zwiebel

1 Knoblauchzehe

1 EL Butter oder Öl

1 TL getrockneter Majoran

Salz, Pfeffer aus der Mühle

**Für den Dip:**

ca. 40 ml Instant-Gemüsebrühe

75 g Gorgonzola

60 g fettreduzierter Joghurt
nach griechischer Art
(2 % Fett; zimmerwarm)

evtl. einige Majoranblättchen

Kürbis lässt sich leider nicht mit einem Spiralschneider zu feinen länglichen Nudeln schneiden. Dafür braucht man einen stabilen, elektrischen Gemüseschneider oder verwendet den Schneideaufsatz der Küchenmaschine.

*Zubereitung:*

1 Cranberrys in einer kleinen Schüssel knapp mit kochendem Wasser übergießen und etwa 20 Minuten ziehen lassen. In der Zwischenzeit den Kürbis putzen, waschen, trocken tupfen, halbieren und entkernen. Das Kürbisfleisch mit der Küchenmaschine oder einem großen Kochmesser in feine Streifen (Julienne) hobeln beziehungsweise schneiden.

2 Zwiebel und Knoblauch schälen und in kleine Würfel schneiden. Butter oder Öl in einer beschichteten Pfanne zerlassen bzw. erhitzen. Zwiebel- und Knoblauchwürfel mit dem Majoran darin andünsten. Kürbisstreifen dazugeben und unter vorsichtigem Rühren etwa 5 Minuten dünsten. Mit Salz und Pfeffer würzen.

3 Die Cranberrys mit der Einweichflüssigkeit dazugeben und zugedeckt weitere 2 bis 3 Minuten bei schwacher Hitze dünsten. Dann den Deckel abnehmen und die Mischung unter vorsichtigem Wenden mit noch leichtem Biss dünsten und die Flüssigkeit verdampfen lassen.

4 Für den Dip die Brühe aufkochen. Gorgonzola evtl. entrinden und in feine Würfel schneiden. Mit der Brühe in einen hohen Mixbecher geben und mit einem Pürierstab kurz durchmixen. Joghurt unterrühren. Die Sauce mit etwas Pfeffer und Salz abschmecken. Kürbis-Pasta mit der Sauce auf Tellern anrichten. Nach Belieben mit Majoranblättchen bestreuen.

**Pro Person ca. 365 kcal,**
**14 g EW, 17 g F, 32 g KH, 10 g BST**
**Zubereitungszeit 25 Minuten**

# Zucchini-Gurken-Nudeln *mit Frischkäsesauce*

**Für 2 Personen**

1 Zucchini (ca. 300 g)

1 Salatgurke (ca. 400)

50 g Walnusskerne

4 EL Olivenöl

Salz, Pfeffer aus der Mühle

1 TL getrockneter Thymian

100 g Crème fraîche

100 g Ziegenfrischkäse (20 % Fett i. Tr.)

***Zubereitung:***

1. Zucchini und Gurke putzen, waschen und mit einem Sparschäler der Länge nach jeweils in dünne Streifen schneiden – sie sollen wie Gemüse-Tagliatelle aussehen. Die Nüsse in einer Pfanne hell rösten, herausnehmen und kurz abkühlen lassen, dann grob hacken.

2. Das Öl in einer großen beschichteten Pfanne erhitzen und die Zucchini darin unter Wenden 2 bis 3 Minuten kräftig anbraten. Mit Salz, Pfeffer und Thymian würzen.

3. Danach die Crème fraîche, den Frischkäse und 2 bis 3 EL Wasser hinzufügen und die Sauce etwa 5 Minuten köcheln lassen. Die Gurkenstreifen untermischen und alles mit Salz und Pfeffer abschmecken.

4. Zum Servieren die Gemüse-Tagliatelle auf tiefe Teller verteilen und mit den gehackten Nüssen bestreuen. Nach Belieben mit Physalis oder Sanddornbeeren garnieren.

**Pro Person ca. 595 kcal,**
**14 g EW, 55 g F, 12 g KH, 5 g BST**
**Zubereitungszeit 25 Minuten**

# Möhren-Spinat-Kuchen *mit Mais*

**Für 8 Stücke**

250 g Spinat (frisch oder TK)

4 Eier

200 g Feta

200 g Vollkornmehl

100 ml fettarme Milch

1 Päckchen Backpulver

1 EL getrockneter Thymian

Salz, Pfeffer aus der Mühle

½ TL mildes Currypulver

100 g Maiskörner (Dose)

250 g Möhren

100 g Lachsschinken (dünn geschnitten)

***Zubereitung:***

1. Frischen Spinat verlesen und waschen, grobe Stiele entfernen. TK-Spinat auftauen lassen. Die Eier trennen, Eigelbe mit Feta, Mehl, Milch, Backpulver, Thymian und ½ TL Salz kräftig verrühren. Mit Pfeffer und Curry würzen. Evtl. noch etwas Wasser dazugeben.

2. Die Eiweiße steif schlagen und den Eischnee vorsichtig unter den Teig heben. Den Backofen auf 200 °C (Ober-/Unterhitze) vorheizen.

3. Den Mais in einem Sieb abtropfen lassen. Möhren schälen und raspeln, mit dem Mais unter die Hälfte des Teigs mischen. Eine Springform (26 cm Ø) einfetten. Den Teig in die Form füllen. Den Spinat ausdrücken, mit dem restlichen Teig vermengen und in der Form vorsichtig auf die Möhren-Teigmasse geben. Den Schinken in kleine Stücke schneiden und auf dem Kuchen verteilen. Im Ofen ca. 45 Minuten backen.

**Pro Stück ca. 245 kcal,**
**15 g EW, 10 g F, 21 g KH, 4 g BST**
**Zubereitungszeit ca. 40 Minuten**
**plus ca. 45 Minuten Backzeit**

# Kräuterwähe *mit Zwiebeln*

**Für 8 Stücke**

7 EL Olivenöl

150 g Vollkornmehl

3 Eier

Salz

2 Bund glatte Petersilie

1 Knoblauchzehe

6 Zwiebeln

150 ml Gemüsebrühe (Glas oder instant)

Chilipulver

Pfeffer aus der Mühle

50 g schwarze Oliven (entsteint)

100 g Hüttenkäse

je 1 TL getrockneter Thymian, Rosmarin und Oregano

100 ml fettarme Milch

***Zubereitung:***

1 6 EL Öl mit Mehl, 1 Ei, 6 EL Wasser und ½ TL Salz vermengen und mit kalten Händen zu einem Teig kneten, falls nötig, noch etwas kaltes Wasser zugeben. Zu einer Kugel formen und abgedeckt im Kühlschrank ca. 30 Minuten ruhen lassen.

2 Petersilie waschen, trocken schütteln, die Blätter abzupfen und fein hacken. Knoblauch und Zwiebeln schälen und ebenfalls fein hacken. Mit dem restlichen Öl in einer Pfanne 3 Minuten dünsten und mit Brühe ablöschen. Petersilie untermischen. Mit Chili, Salz und Pfeffer würzen.

3 Den Backofen auf 180 °C (Ober-/Unterhitze) vorheizen. Eine Tarte- oder Springform (26 cm Ø) einfetten und den Teig darin verteilen und sehr dünn fest andrücken. Die Zwiebelmasse darauf verteilen. Oliven halbieren und auf die Wähe streuen. Im Ofen ca. 30 Minuten backen.

4 Hüttenkäse mit restlichen Eiern, Kräutern und Milch vermengen. 15 Minuten vor Ende der Backzeit über die Wähe gießen und fertig backen.

**Pro Stück ca. 225 kcal,**
**8 g EW, 13 g F, 16 g KH, 3 g BST**
**Zubereitungszeit ca. 35 Minuten**
**plus ca. 30 Minuten Ruhezeit**

# Seelachs
# *auf Spitzkohlgemüse*

**Für 2 Personen**

½ Spitzkohl (ca. 400 g)

250 ml Gemüsebrühe

Salz, Pfeffer aus der Mühle

frisch geriebene Muskatnuss

2 Seelachsfilets (à ca. 150 g)

100 g Frischkäse (0,2 % Fett)

½ Bund Dill

*Zubereitung:*

1 Den Kohl von äußeren Blättern befreien, putzen, waschen, längs halbieren und klein schneiden. In einer großen Pfanne in 100 ml Brühe mit Salz, Pfeffer und Muskatnuss 5 Minuten garen. Die Fischfilets auf den Kohl legen und zugedeckt etwa 10 Minuten dämpfen.

2 Frischkäse mit restlicher Brühe pürieren, über die Filets und den Kohl geben. Offen bei schwacher Hitze ziehen lassen, bis der Fisch gar ist.

3 Den Dill waschen, trocken schütteln, hacken und kurz vor dem Servieren zum Fisch geben. Mit Salz und Pfeffer würzen und mit dem Kohlgemüse servieren. Dazu passen Vollkorn-Bandnudeln.

**Pro Person ca. 230 kcal (ohne Nudeln),**
**34 g EW, 4 g F, 11 g KH, 7 g BST**
**Zubereitungszeit ca. 25 Minuten**

Statt Spitzkohl schmeckt auch der kräftigere Wirsingkohl. Dafür die Garzeit aber leicht erhöhen.

# Zander auf *Tomaten-Fenchel-Gemüse*



**Für 2 Personen**

400 g TK-Zanderfilets (aufgetaut)

1 Bio-Zitrone

500 g Fenchelknollen

1 kleine Zucchini

2 Fleischtomaten

3 Schalotten

1 EL Olivenöl

Salz, Pfeffer aus der Mühle

1 Msp. Pimentpulver

1 TL getrockneter Thymian

1 TL zerlassene Butter

Sie können das Zanderfilet zum Servieren mit einigen Dillspitzen und Thymianstängeln garnieren.

*Zubereitung:*

1 Zanderfilet mit Küchenpapier trocken tupfen. Die Zitrone heiß waschen, trocken reiben und halbieren. Von 1 Zitronenhälfte den Saft auspressen. Die andere Hälfte in Scheiben schneiden.

2 Fenchel und Zucchini putzen, waschen. Tomaten ebenfalls waschen, halbieren, dabei die Stielansätze herausschneiden, Tomaten vierteln. Fenchel und Zucchini in etwa 1 cm dicke Scheiben schneiden.

3 Den Backofen auf 200 °C (Ober-/Unterhitze) vorheizen. Die Schalotten schälen und in Würfel schneiden. Das Öl in einer Pfanne erhitzen. Schalottenwürfel darin andünsten. Fenchelscheiben hinzufügen und unter Rühren ca. 5 Minuten dünsten. Dann Zucchinischeiben hinzugeben und weitere 5 Minuten dünsten. Tomaten unterrühren, das Gemüse mit Salz, Pfeffer und Piment würzen.

4 Das Fischfilet mit dem Zitronensaft beträufeln, dann mit Salz und Pfeffer würzen. Das Gemüse in eine gefettete Auflaufform geben und mit Thymian bestreuen. Die Fischfilets darauflegen, mit der zerlassenen Butter bestreichen und mit den Zitronenscheiben belegen. Den Zander ca. 15 Minuten im vorgeheizten Ofen garen.



**Pro Person 330 kcal,**
**45 g EW, 9 g F, 13 g KH, 8 g BST**
**Zubereitungszeit 25 Minuten**
**plus Garzeit ca. 15 Minuten**

# Rotbarben mit Orange, *Ingwer und Fenchelpüree*



**Für 2 Personen**

2 kleine Rotbarben
(à ca. 250 g; ersatzweise Barsch)

50 ml frisch gepresster
Orangensaft

120 ml Olivenöl

1 TL frisch geriebener Ingwer

½ TL gemahlener Kreuzkümmel

2 EL gehacktes Koriandergrün

3 Fenchelknollen

¼ l Gemüsebrühe

Salz, Pfeffer aus der Mühle

3 Knoblauchzehen

2 Orangenfilets

*Zubereitung:*

1 Die Fische innen und außen waschen und trocken tupfen, dann nebeneinander in eine große flache Auflaufform legen. Orangensaft, Öl, Ingwer, Kreuzkümmel und Koriandergrün mischen und die Salsa über die Fische träufeln. Im Kühlschrank etwa 2 Stunden marinieren.

2 Inzwischen den Fenchel putzen, waschen und halbieren, den harten Strunk entfernen, das Fenchelgrün zum Garnieren beiseite legen. Fenchel in etwa 1 cm dicke Scheiben schneiden. Die Hälfte der Fenchelscheiben in der Brühe weich garen, danach mit der Brühe im Topf mit dem Stabmixer fein pürieren, mit Salz und Pfeffer abschmecken.

3 Den Knoblauch schälen, fein würfeln und in wenig Öl anbraten. Vom Herd nehmen und zum Fenchelpüree geben, dann warm halten.

4 Den Fisch aus der Marinade nehmen und in einer großen Pfanne bei mittlerer Hitze auf jeder Seite 4 bis 5 Minuten garen, dabei vorsichtig wenden.

5 In einer Grillpfanne die übrigen Fenchelscheiben in 1EL Marinadenöl anbraten, mit Salz und Pfeffer würzen und auf jeder Seite ca. 5 Minuten garen.

6 Zum Servieren das Fenchelpüree als Spiegel auf vorgewärmte Teller geben, die gegrillten Fenchelscheiben darauflegen und zuletzt die Rotbarben mit der restlichen Orangen-Ingwer-Salsa übergießen. Mit dem beiseitegelegten Fenchelgrün und den Orangenfilets garnieren.

**Pro Person ca. 680 kcal,**
**19 g EW, 64 g F, 11 g KH, 6 g BST**
**Zubereitungszeit 25 Minuten**
**plus Marinierzeit 2 Stunden**

# Senflinsen *mit gebratenem Lachsfilet*

**Für 2 Personen**

200 g Spitzkohl

Salz

1 Schalotte

10 g Ingwer

2 EL Rapsöl

125 g rote Linsen

2 Lachsfilets (à ca. 150 g)

1–2 EL Zitronensaft

Pfeffer aus der Mühle

1 EL mittelscharfer Senf

Cayennepfeffer

***Zubereitung:***

1. Spitzkohl putzen, den Strunk herausschneiden und den Kohl in ca. 2 cm dicke Streifen schneiden. In Salzwasser 2 bis 3 Minuten blanchieren, abgießen, kalt abschrecken und abtropfen lassen.

2. Schalotte und Ingwer schälen und fein würfeln. 1 EL Öl erhitzen und beides darin andünsten. Die Linsen dazugeben und knapp mit Wasser bedeckt 15 bis 20 Minuten gar kochen.

3. Den Lachs mit Zitronensaft beträufeln, salzen und pfeffern. Im restlichen Öl unter Wenden ca. 6 Minuten braten.

4. Falls nötig, die Linsen abgießen, den Senf einrühren und mit Salz, Cayennepfeffer und Zitronensaft abschmecken. Den Kohl unter die Linsen heben, kurz erwärmen und das Gemüse auf Tellern anrichten. Den Lachs daraufsetzen und servieren.

**Pro Person ca. 575 kcal,**
**47 g EW, 27 g F, 34 g KH, 3 g BST**
**Zubereitungszeit 30 Minuten**

Überfischung ist
inzwischen ein großes
Problem.
Achten Sie beim
Einkauf auf Siegel
wie etwa das ASC- bzw.
MSC-Siegel

# Hähnchenrouladen *mit Bärlauch*

**Für 2 Personen**

12 g Pinienkerne

½ Bund Bärlauch

20 g Parmesan

2 EL Olivenöl

Salz, Pfeffer aus der Mühle

2 Hähnchenschnitzel (à ca. 100 g)

2 Scheiben luftgetrockneter Schinken (à 10 g)

ca. 40 ml Gemüsebrühe

1–2 TL Essig

½ TL mittelscharfer Senf

75 g gemischter, bunter Blattsalat

***Zubereitung:***

1 Die Pinienkerne in einer beschichteten Pfanne ohne Fett anrösten. Bärlauch waschen, trocken schleudern, grobe Stiele entfernen und die Blätter grob klein schneiden. Den Parmesan zerbröckeln. Alles zusammen mit 1 EL Olivenöl im Blitzhacker zu einem Pesto pürieren. Mit Salz und Pfeffer abschmecken.

2 Die Hähnchenschnitzel waschen, trocken tupfen und flach drücken, leicht salzen und pfeffern. Mit dem Bärlauchpesto bestreichen, mit je 1 Scheibe Schinken belegen und zu Rouladen aufrollen. Mit Holzstäbchen fixieren.

3 Restliches Öl in einer Pfanne erhitzen und Rouladen darin von allen Seiten anbraten, die Hitze reduzieren und die Rouladen zugedeckt etwa 8 Minuten fertig garen. Herausnehmen und warm stellen.

4 Brühe und Essig mischen und den Bratensatz aus der Pfanne damit ablöschen. Senf unterrühren und mit Salz und Pfeffer würzen. Den Salat putzen, waschen, in mundgerechte Stücke zupfen und mit dem Dressing mischen. Die Rouladen mit dem Salat servieren.

**Pro Person ca. 320 kcal,**
**30 g EW, 19 g F, 6 g KH, 1 g BST**
**Zubereitungszeit ca. 40 Minuten**

Der intensive zwiebelige Geschmack und Geruch des Bärlauchs kommt am stärksten zur Geltung, wenn die Blätter erst gegen Ende der Garzeit zum Gericht hinzugefügt oder – wie bei unserem Dip – gar nicht erhitzt werden.

# Ofenhähnchen *auf Frühlingsgemüse*

**Für 2 Personen**

20 g Vollkornpaniermehl

1 EL gemahlene Mandeln

2 TL Joghurtbutter

Salz

gemahlener Ingwer

Chiliflocken

2 Hähnchenbrustfilets (à 150 g)

2 EL Öl

ca. 150 ml Gemüsebrühe (instant)

400 g Bundmöhren

125 g Zuckerschoten

½ Bund Frühlingszwiebeln

1 TL Honig

Pfeffer aus der Mühle

1 EL Zitronensaft

gehackte Petersilie

***Zubereitung:***

1 Den Backofen auf 180 °C vorheizen. Paniermehl, Mandeln, Butter, Salz, Ingwer und Chili mischen. Hähnchenfilets waschen, trocken tupfen und in einer beschichteten Pfanne in 1 EL Öl anbraten und herausnehmen.

2 Die Hälfte der Brühe in eine flache ofenfeste Form gießen. Das Fleisch hineinlegen und die Brösel darauf verteilen. Im vorgeheizten Ofen 20 Minuten braten. Möhren putzen, waschen und in Stifte schneiden. Zuckerschoten putzen, waschen und schräg halbieren. Frühlingszwiebeln putzen, waschen und klein schneiden.

3 Möhren und Zwiebeln in der Pfanne im Bratfett und mit restlichem Öl andünsten. Mit Honig, Salz und Pfeffer würzen. Mit der restlichen Brühe 8 Minuten garen. Die Zuckerschoten dazugeben und 4 Minuten weitergaren.

4 Die Hähnchenbrustfilets aus der Form nehmen. Den Bratenfond mit Zitronensaft ablösen und unter das Gemüse mischen. Mit Salz und Pfeffer abschmecken und mit Petersilie bestreuen. Das Gemüse mit dem Fleisch anrichten.

**Pro Person ca. 480 kcal,**
**43 g EW, 18 g F, 28 g KH, 12 g BST**
**Zubereitungszeit 30 Minuten**

Wenn Sie statt Hähnchenbrust Schweinefilet verwenden, nehmen Sie für die Kruste keinen Ingwer, sondern etwas abgeriebene Bio-Zitronenschale und 1 EL gehackte Kräuter wie Petersilie oder Schnittlauch.

# Hähnchen *in Zitronenmarinade*

**Für 2 Personen**

1 Bio-Zitrone

½ TL Zimtpulver

1 Msp. Cayennepfeffer

Pfeffer aus der Mühle

1–2 EL Olivenöl

4 Hähnchenunterkeulen oder 16 Hähnchenflügel

½ Bund Petersilie

2 Tomaten

Salz

Je länger das Hähnchen in der Marinade zieht, desto intensiver wird sein Geschmack. Mit Thymian oder Oregano erhält die Marinade eine mediterrane Note.

*Zubereitung:*

1. Die Zitrone heiß waschen und trocken reiben. Die Schale in feinen Zesten abziehen, die Hälfte beiseitestellen. Den Saft auspressen. Mit der Hälfte der Zesten, Zimt, Cayennepfeffer, Pfeffer und Öl zu einer Marinade verrühren.

2. Die Hähnchenteile waschen und trocken tupfen. In der Marinade mindestens 6 Stunden, besser über Nacht im Kühlschrank zugedeckt ziehen lassen.

3. Den Backofen auf 180 °C (Ober-/Unterhitze) vorheizen. Die marinierte Hähnchenkeulen auf ein Backblech geben und auf der mittleren Schiene im vorgeheizten Ofen etwa 40 Minuten goldbraun backen (Hähnchenflügel nur 25 Minuten garen).

4. Inzwischen die Petersilie waschen, trocken schütteln und grob hacken. Etwa 2 EL Petersilie beiseitestellen. Den Rest über die Hähnchenteile streuen und weitere 5 Minuten backen.

5. Die Tomaten waschen, trocken tupfen, den Stielansatz entfernen und die Tomaten in dünne Scheiben schneiden. Die Hähnchenschenkel darauf anrichten. Salzen und mit der restlichen Petersilie und den Zitronenzesten garniert servieren. Dazu Vollkornbrot oder -reis servieren.

**Pro Person ca. 215 kcal (ohne Brot oder Reis), 12 g EW, 16 g F, 3 g KH, 1 g BST**
**Zubereitungszeit ca. 50 Minuten plus 6 Stunden Marinierzeit**

# Puten-Pfeffersteaks *mit Ratatouille*

**Für 2 Personen**

je ¼ TL schwarze und rosa Pfefferkörner

2 Putenschnitzel (à ca. 120 g)

1 Zucchini

½ Aubergine

je 1 gelbe oder rote Paprikaschote

2 kleine Zwiebeln

50 ml Gemüsebrühe

200 g Tomatenpüree (Fertigprodukt)

Salz, Pfeffer aus der Mühle

getrockneter Oregano und Thymian

1 EL Olivenöl

***Zubereitung:***

1. Den Pfeffer im Mörser grob zerstoßen. Die Putenschnitzel nebeneinanderlegen, mit dem Pfeffer bestreuen und in einem Gefrierbeutel flach klopfen.

2. Zucchini, Aubergine und Paprika putzen, waschen und in kleine Würfel schneiden. Zwiebeln schälen und fein hacken. Die Brühe erhitzen und darin zunächst die Zwiebeln, dann unter ständigem Rühren für 3 Minuten die Auberginen und schließlich für weitere 3 Minuten Paprika und Zucchini bei schwacher Hitze dünsten. Mit Tomatenpüree ablöschen und mit Salz, Pfeffer, Oregano und Thymian kräftig würzen. Etwa 8 Minuten garen.

3. Die Schnitzel im heißen Öl auf beiden Seiten je 2 Minuten braten und leicht salzen. Das Gemüse mit dem Fleisch auf Tellern anrichten.

**Pro Person ca. 245 kcal,**
**33 g EW, 7 g F, 10 g KH, 6 g BST**
**Zubereitungszeit 50 Minuten**

Wer es weniger pfeffrig mag, nimmt statt der schwarzen rosa Pfefferkörner.

# Schnelles Schnitzel *mit Birnen und Bohnen*

**Für 2 Personen**

1–2 EL Sojasauce

1–2 EL Ajvar (Paprikawürzpaste)

200 ml Gemüsebrühe

4 dünne Minutenschnitzel vom Schwein (à 75 g)

200 g Kidneybohnen (Dose)

1 Bund Frühlingszwiebeln

1–2 TL getrocknetes Bohnenkraut

1 EL Rapsöl

50 g Frischkäse (0,2 % Fett)

Salz, Pfeffer aus der Mühle

1 Msp. Chilipulver

1 kleine Birne

***Zubereitung:***

1. Den Backofen auf 100 °C (Ober-/Unterhitze) vorheizen. Sojasauce, Ajvar und 25 ml Brühe verrühren. Die Schnitzel darin kurz einlegen. Bohnen in einem Sieb abtropfen lassen.

2. Die Frühlingszwiebeln putzen, waschen und in dünne Ringe schneiden. Mit Bohnen und 1 TL Bohnenkraut in 100 ml Brühe 5 Minuten garen.

3. Inzwischen das Fleisch aus der Marinade nehmen und die Marinade beiseitestellen. Die Schnitzel trocken tupfen und in heißem Öl kurz auf beiden Seiten kräftig anbraten und im vorgeheizten Ofen weitergaren.

4. Die Marinade mit Frischkäse und restlicher Brühe verrühren. Mit Salz, Pfeffer, wenig Chili und restlichem Bohnenkraut würzen und bei starker Hitze kurz zu einer Sauce einkochen.

5. Birne entkernen, waschen und klein schneiden, zum Gemüse geben, mit Salz und Pfeffer würzen. Die Schnitzel ebenfalls würzen und mit Gemüse und Sauce servieren.

**Pro Person ca. 355 kcal,**
**45 g EW, 7 g F, 27 g KH, 9 g BST**
**Zubereitungszeit ca. 25 Minuten**

# Süßes

# Avocado-Skyr-Creme *mit Obstsalat*

**Für 2 Personen**

4 EL Mandelstifte

½ Bio-Zitrone

1 Avocado

200 g Skyr
(isländischer Frischkäsequark)

1–2 TL Honig

1 Pfirsich

200 g Cantaloup-Melone

1 Mango

½ TL gemahlener Kardamom

***Zubereitung:***

1. Die Mandeln in einer Pfanne ohne Fett unter Rühren anrösten, bis sie anfangen zu duften. Auf einem Teller abkühlen lassen.

2. Die Zitrone heiß waschen, trocken reiben, die Schale fein abreiben und den Saft auspressen. Die Avocado halbieren und den Stein entfernen. Die Avocadohälften schälen und das Fruchtfleisch in Stücke schneiden.

3. Avocado, die Hälfte des Zitronensafts, Zitronenschale, Skyr und 1 TL Honig in einem hohen Rührbecher mit dem Stabmixer pürieren. Die Creme auf zwei Schalen verteilen.

4. Den Pfirsich waschen, vierteln, entsteinen und die Viertel quer in dünne Scheiben schneiden. Das Melonenstück entkernen, schälen und in kleine Stücke schneiden. Die Mango schälen, das Fruchtfleisch auf den flachen Seiten vom Stein und dann in dünne Scheiben schneiden.

5. Pfirsich, Melone, Mango, restlichen Zitronensaft, nach Belieben 1 TL Honig und Kardamom in einer Schüssel mischen. Den Obstsalat auf der Avocado-Skyr-Creme verteilen und mit Mandeln bestreut servieren.

**Pro Person ca. 465 kcal,**
**20 g EW, 24 g F, 36 g KH, 10 g BST**
**Zubereitungszeit 20 Minuten**

# Panna cotta mit Basilikum *und Brombeeren*

**Für 2 Personen**

1 Blatt Gelatine

75 g Sahne

1 Bund Basilikum

½–1 TL Ahornsirup

50 g Quark (40 % Fett)

1 Handvoll Brombeeren (oder andere Beeren)

10 ml Rotwein

Minze- oder Zitronenmelisse-Blätter zum Garnieren

***Zubereitung:***

1 Die Gelatine in kaltem Wasser einweichen. Inzwischen die Sahne mit ½ TL Ahornsirup in einem Topf langsam aufkochen. Dann bei schwacher Hitze noch etwa 5 Minuten köcheln lassen. Inzwischen das Basilikum waschen, trocken schütteln, die Blätter abzupfen und fein hacken.

2 Den Topf vom Herd nehmen, die Gelatine ausdrücken und in der heißen Sahne unter Rühren vollständig auflösen. Sobald die Masse lauwarm abgekühlt ist, den Quark und das Basilikum dazugeben und alles mit dem Stabmixer fein pürieren. Die Panna cotta auf Dessertgläser oder -schalen verteilen und im Kühlschrank etwa 3 Stunden fest werden lassen.

3 Inzwischen die Beeren verlesen und waschen, in einem Topf mit dem Wein kurz aufkochen, restlichen Sirup hinzufügen. Vom Herd nehmen und beiseitestellen.

4 Zum Servieren die Brombeersauce auf der Panna cotta verteilen, nach Belieben mit Zitronenmelisse- oder Minzeblättern und etwas abgeriebener Bio-Zitronenschale garnieren. Die Panna cotta hält sich 3 bis 4 Tage im Kühlschrank.

**Pro Person ca. 160 kcal,**
**3 g EW, 14 g F, 5 g KH, 1 g BST**
**Zubereitungszeit 30 Minuten**
**plus 3 Stunden Kühlzeit**

Dunkle Beeren liefern viele Antioxidantien, vor allem aus der Gruppe der Anthocyane. Diese können zell- und gefäßschädigende freie Radikale im Körper reduzieren. Durch Erhitzen steigert sich sogar noch die antioxidative Wirkung der Beeren.

# Frozen Yoghurt *mit Himbeeren*

**Für 2 Personen**

250 g TK-Himbeeren

200 g griechischer Joghurt

1 EL natives Kokosöl (10 % Fett)



***Zubereitung:***

1. Die gefrorenen Himbeeren mit Kokosöl und Joghurt in einem leistungsstarken Standmixer etwa 30 Sekunden cremig pürieren. Dabei zwischendurch nach Bedarf stoppen und die Masse mit einem Spatel nach unten schieben. Nach Belieben mit etwas Erythrit oder Stevia süßen. Auch fein gehackte Rosmarinnadeln passen gut in das Eis.

2. Den Frozen Yoghurt eventuell vor dem Servieren etwa 15 Minuten einfrieren, damit er etwas fester wird. Den Frozen Yoghurt in Dessertgläsern oder -schalen anrichten und nach Belieben mit Minzeblättern garnieren. Alternativ in eine gut schließende Gefrierbox füllen und bis zum Verzehr einfrieren.

**Pro Person ca. 220 kcal,**
**6 g EW, 15 g F, 10 g KH, 6 g BST**
**Zubereitungszeit 5 Minuten**

Ihr Mixer oder Stabmixer ist nicht ganz so leistungsstark? Dann die Beeren vor dem Mixen am besten 5 bis 10 Minuten bei Zimmertemperatur antauen lassen.

# Pfannkuchen *mit Himbeerquark*

**Für 2 Personen**

**Für die Pfannkuchen:**

2 Eier

150 ml fettarme Milch

50 ml Mineralwasser mit Kohlensäure

125 g Vollkornmehl

½ TL Zucker

Salz

1 Prise Zimtpulver

½ TL abgeriebene Bio-Zitronenschale

2 TL Öl

**Für die Füllung:**

250 g Magerquark

100 g Himbeeren

½ EL Zitronensaft

etwas Vanillemark

½ TL flüssiger Honig

***Zubereitung:***

1 Die Eier trennen, das Eiweiß steif schlagen. Eigelbe mit Milch, Mineralwasser, Mehl, Zucker, 1 Prise Salz, Zimt und Zitronenschale kräftig verquirlen. Die Eiweiße unterziehen.

2 Das Öl in einer beschichteten Pfanne erhitzen und darin nacheinander 4 Pfannkuchen backen, warm stellen.

3 Für die Füllung Himbeeren waschen, verlesen, einige für die Deko beiseitelegen. Restliche Himbeeren mit Quark, Zitronensaft, Vanillemark und Honig pürieren.

4 Die Pfannkuchen mit der Himbeercreme bestreichen und aufrollen. Mit Himbeeren garnieren.

**Pro Person ca. 480 kcal,**
**33 g EW, 13 g F, 52 g KH, 9 g BST**
**Zubereitungszeit 30 Minuten**

Mit gerösteten Mandelstiften und Zitronenmelisse garnieren.

# Sauerrahmpudding *mit gegrillter Ananas*

**Für 2 Personen**

2 ½ Blatt Gelatine

100 ml Milch

½ Vanilleschote

1–2 EL Ahornsirup

200 g saure Sahne

¼ Baby-Ananas

1 Stängel Minze

¼ TL Zucker

2 EL gehackte Pistazien

***Zubereitung:***

1. Die Gelatine in kaltem Wasser einweichen. Die Milch mit der aufgeschlitzten Vanilleschote und dem Ahornsirup in einen Topf geben und aufkochen. Von der Herdplatte nehmen und etwa 10 Minuten ziehen lassen. In der noch heißen Milch die ausgedrückte Gelatine auflösen. Durch ein Sieb gießen und abkühlen lassen. Die saure Sahne untermischen und in 2 Gläser (à ca. 250 ml) füllen. Den Pudding mindestens 4 Stunden im Kühlschrank fest werden lassen.

2. Vor dem Servieren die Baby-Ananas schälen, vierteln, den harten Strunk entfernen und das Fruchtfleisch in Scheiben schneiden. Auf dem Grill oder in der Grillpfanne braten, bis sich Streifen zeigen.

3. Die Minze waschen, trocken schütteln und die Blätter abzupfen. Zusammen mit dem Zucker im Mörser fein zerstoßen. Die Ananas auf Holzspießchen stecken und in die Gläser mit dem Pudding stellen. Mit dem Minzzucker und Pistazien bestreuen.

**Pro Person ca. 350 kcal,**
**8 g EW, 24 g F, 12 g KH, 0,5 g BST**
**Zubereitungszeit 35 Minuten**
**plus Kühlzeit 4 Stunden**

**Für 2 Personen**

200 g Ananasfruchtfleisch

1 Apfel

750 g Heidelbeeren

250 g Quark

100 ml Kokosmilch

2 EL Kokosraspel



# Kokosquark *mit Obstsalat*

***Zubereitung:***
Die Ananas in kleine Stücke schneiden. Apfel und Heidelbeeren waschen, den Apfel halbieren, entkernen und klein würfeln. Den Quark mit der Kokosmilch und 1 EL Kokosraspeln glatt rühren. Auf Schälchen verteilen und die Früchte darauf anrichten. Mit den übrigen Kokosraspeln bestreuen.

**Pro Person ca. 450 kcal,**
**17 g EW, 26 g F, 32 g KH, 5 g BST**
**Zubereitungszeit 15 Minuten**

**Für 2 Personen**

100 g Sahne

200 g Joghurt

½ TL Vanilleextrakt

1 EL Ahornsirup

½ EL Zitronensaft

150 g Himbeeren

2 Stängel Koriandergrün



# Joghurtmousse
## *mit Himbeer-Koriander-Sirup*

***Zubereitung:***
Die Sahne steif schlagen. Den Joghurt mit dem Vanilleextrakt, die Hälfte des Ahornsirups und dem Zitronensaft cremig rühren. Die Sahne unterziehen und die Mousse in 2 Gläser (à ca. 250 ml) füllen. Mindestens 1 Stunde kalt stellen.

Die Himbeeren verlesen. Koriander waschen, trocken schütteln, die Blätter abzupfen. Einige zum Garnieren beiseite legen, den Rest mit der Hälfte der Himbeeren und übrigem Ahornsirup pürieren. Durch ein feines Sieb streichen. Restliche Himbeeren mit Koriander auf die Mousse geben.

**Pro Person ca. 315 kcal,**
**6,5 g EW, 20 g F, 14 g KH, 3,5 g BST**
**Zubereitungszeit 20 Minuten**
**plus 1 Stunde Kühlzeit.**

# Gewürze statt Zucker

## Mehr Aroma, weniger süß

Wenn das Lieblingsmüsli künftig im Supermarkt bleibt, dann ist gerade beim Frühstück die Lust auf Süßes groß. Denn keine andere Mahlzeit ist so von zuckerhaltigen Gerichten und Getränken geprägt wie unsere erste Mahlzeit des Tages. Doch das ist alles eine Frage der Gewohnheit. Denn Frühstück und Kaffeepause gehen auch ohne Zucker. Bei Rezepten mit Joghurt, Quark oder körnigem Frischkäse eignet sich die Zugabe von Gewürzen wie Anis, Kardamom, Vanille oder Zimt sehr gut. Ein Getränke-Tipp zum Schluss: Mischen Sie Mineralwasser doch mal mit frischer Minze oder Zitronenmelisse. 30 Minuten ziehen lassen. Das lässt eine süße Limonade kaum vermissen.

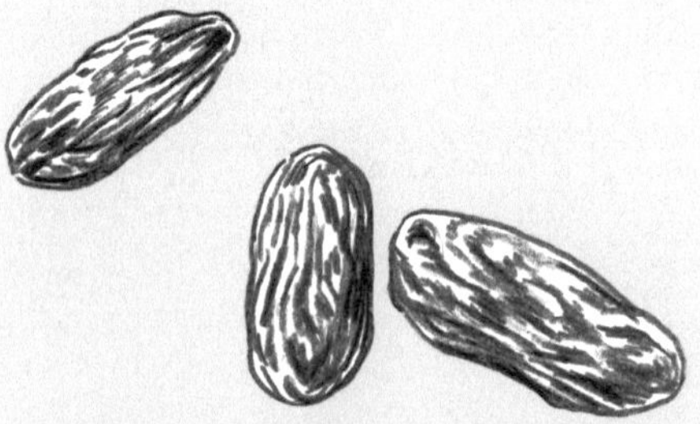

### Anis

Die Gewürz- und Heilpflanze Anis, ein Doldenblütler, schmeckt herb-würzig und süßlich-aromatisch und riecht nach Lakritze. Die Samen der Anisfrüchte finden im Ganzen oder in gemahlener Form Verwendung in der Weihnachtsbäckerei, werden aber auch zum Würzen von Süßspeisen oder Obstsalaten verwendet. Werden die ganzen Samen im Mörser zerstoßen, entwickelt Anis doppelt so viel Aroma wie bereits gemahlener. Das Gewürz ist sehr würzig, deshalb sparsam verwenden.

### Zimt

Zimt ist nicht nur ein Geschmackswunder, sondern schützt auch vor Heißhungerattacken. Mehrere Studien haben ergeben, dass Zimt sich positiv auf den Insulinspiegel auswirkt und dass statt des Zuckers im Blut Körperfett abgebaut wird. Achten sollten Sie jedoch auf eine gute Qualität (am besten Ceylon-Zimt als Bio-Ware verwenden).

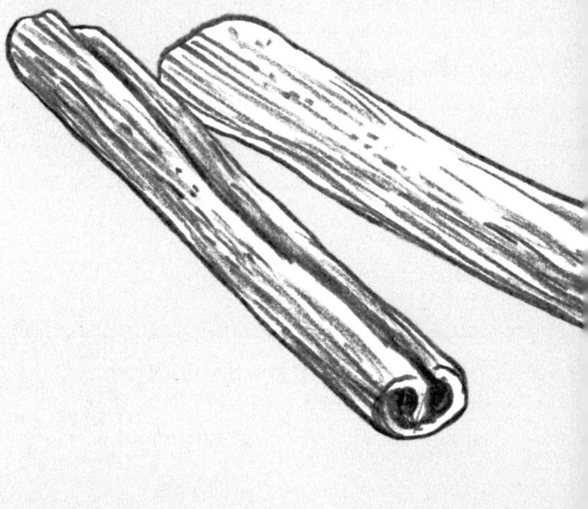

## Zitronen- und Orangenschale

Beim Backen sorgen frisch geriebene Zitronen- oder Orangenschale im Teig nicht nur für ein tolles Aroma, das wir als süß empfinden – sie halten den Teig auch länger frisch. Achten Sie beim Einkauf aber unbedingt auf unbehandelte Bio-Ware.

## Kardamom

Indien und Sri Lanka sind die Heimat der Kardamomkapsel, aber längst hat Kardamom seine Verwendung in der Küche der Welt gefunden. Der Duft der Kapseln hat etwas Wärmendes und erinnert an dunkle Schokolade. Nicht umsonst findet er deshalb nicht nur in herzhaften Gerichten, sondern auch als Prise im Kaffee und schwedischem Gebäck seinen Platz.

## Vanille

Ursprünglich stammt sie aus den tropischen Regionen Südamerikas. In Gerichten wie Porridge, aber auch bei Selbstgebackenem sorgt Vanille für den echten süßen Geschmackskick, wenn man auf Zucker, aber nicht auf den Geschmack verzichten will. Aber Vorsicht beim Dosieren, denn zu viel der guten Schote schmeckt bitter.

# Gegrillte Pfirsiche *mit Eis*

**Für 2 Personen**

2 Pfirsiche

Pflanzenöl (für den Grill)

½ unbehandelte Limette

1 EL Honig

4 Kugeln Zitroneneis

einige Zweige Zitronenmelisse

*Zubereitung:*

1 Die Pfirsiche waschen, halbieren und entkernen. Mit den Schnittflächen nach unten auf den geölten Grill oder in eine Grillpfanne legen und etwa 5 Minuten grillen. Anschließend wenden und weitere 5 Minuten heiß werden lassen. Die Limette heiß waschen, trocken reiben und die Schale in Zesten abziehen. Den Saft auspressen.

2 Honig und 1 EL Limettensaft glatt rühren. Die Pfirsiche auf Tellern anrichten und mit der Sauce überträufeln. Jeweils 1 Kugel Zitroneneis auf die Pfirsichhälften setzen und mit Limettenzesten und Zitronenmelisseblättern garniert servieren.

**Pro Person ca. 210 kcal,**
**2 g EW, 0 g F, 45 g KH, 2 g BST**
**Zubereitungszeit 25 Minuten**

Damit dieses Dessert noch als zuckerarm gelten kann, sollten Sie zuckerarmes Eis kaufen. Manche Supermärkte haben es im Sortiment.

# Kokoswaffeln mit *Ananas-Koriander-Salsa*



**Für 2 Personen**

**Für die Salsa:**

¼ Ananas

½ EL Ahornsirup

abgeriebene Schale und Saft von 1 Bio-Limette

1 EL Ananassaft

¼ Bund Koriander

1 Prise Zimtpulver

**Für die Waffeln:**

75 g Vollkornweizenmehl

½ EL Ahornsirup

½ TL Backpulver

1–2 EL Kokosmehl

2 Eier

ca. 35 g weiche Butter

100 ml Kokosmilch

Kokosfett, zum Ausbacken

***Zubereitung:***

1. Für die Salsa die Ananas schälen, vierteln, den Strunk entfernen und das Fruchtfleisch in kleine Würfel schneiden. In einer Schüssel mit dem Ahornsirup, der Limettenschale und -saft sowie Ananassaft vermischen.

2. Den Koriander waschen, die Blätter abzupfen und fein hacken. Zusammen mit dem Zimt hinzufügen. Vermischen und ca. 15 Minuten ziehen lassen.

3. Für die Waffeln Vollkornmehl, Sirup, Backpulver und Kokosmehl in einer Schüssel miteinander vermischen. Die Eier mit der Butter und der Kokosmilch verrühren und zu der Mehlmischung geben. Alles zu einem homogenen Teig verrühren.

4. Ein Waffeleisen aufheizen, mit etwas Kokosfett einpinseln und nach und nach 4 Waffeln aus dem Teig backen. Die Waffeln auf Tellern anrichten und nach Belieben mit Puderzucker bestäuben. Die Salsa in Gläser füllen und dazu servieren.

**Pro Person ca. 530 kcal,**
**13 g EW, 33 g F, 47 g KH, 3,5 g BST**
**Zubereitungszeit 50 Minuten plus 15 Minuten Ruhezeit**

# Rezeptregister

# Sachregister

# Impressum

**Apotheken Umschau:**
**Gesünder essen Zuckerarm**

ISBN 978-3-927216-68-6
PZN: 17627884

1. Auflage 2021
Wort & Bild Verlag
Konradshöhe GmbH & Co. KG
Konradshöhe 1, 82065 Baierbrunn
Handelsregister: Amtsgericht München
HRA 44980 / USt-ID-Nr. DE 130750628

Geschäftsführer:
Andreas Arntzen (Vorsitzender),
Dr. Dennis Ballwieser, Malte von Trotha
Chefredaktion: Dr. Dennis Ballwieser,
Julia Rotherbl



Projekt- und Redaktionsleitung: Beatrice Sobeck
(Isartal Health Media GmbH & Co. KG; IHM)
Konzept und Lektorat: Elke Schurr (IHM)
Text: Stephanie Arndt
Rezepte: Elke Schurr (IHM), Edelgard Prinz-Korte
Projektmitarbeit: Christine Kluge,
Edelgard Prinz-Korte
Grafisches Konzept: Dominik Schwarz (IHM)
Layout & Satz: Büro 18, Friedberg
Bildredaktion: Stephanie Wiegand (IHM),
Dana Römhild-Fries, Katjana Frisch
Bildbearbeitung: Lisa Hofstetter
Produktion: Angelika Emmert
Druck: Grafisches Centrum Cuno GmbH
& Co. KG, Calbe

FSC www.fsc.org
MIX
Papier aus verantwortungsvollen Quellen
FSC® C043106

Im Vertrieb der Edel Verlagsgruppe
Edel Germany GmbH,
Neumühlen 17, 22763 Hamburg,
buchvertrieb@edel.com

Realisierung mit freundlicher Unterstützung
durch die:
Edel Verlagsgruppe GmbH © 2021
Kaiserstraße 14 b, 80801 München
ZS – Ein Verlag der Edel Verlagsgruppe

Hinweis: Die Ratschläge in diesem Buch wurden sorgfältig von Autoren und Verlag erarbeitet und geprüft. Erkrankungen gehören in ärztliche Behandlung. Das Buch kann daher keinen ärztlichen Rat ersetzen.

Bildnachweise:

Covermotiv: ZS/Katrin Winner und ZS/Brigitte Sporrer, Getty Images
Illustrationen: Anja Stiehler-Patschan
4, 6/7, 42/43, U4: Andreas Achmann
9: Oliver Rossi/Getty Images
12/13: fcafotodigital/Getty Images, Lindas Photography/Getty Images
14: Ina Peters/Stocksy United
18/19: Cameron Whitman/Stocksy United, Trinette Reed/Stocksy United
24: Nadine Greeef/Stocksy United
28: Tatyana Sidyukova /Adobe Stock, New Africa/Adobe Stock, RedHelga/Getty Images, kedsanee/Getty Images, R.Tsubin/Getty Images (2), Francesco Perre/EyeEm/Getty Images, Richard Coombs/EyeEm/Getty Images, Manny Rodriguez/Getty Images, Foodcollection/Getty Images
35: Ina Peters/Stocksy United, Trinette Reed/Stocksy United
36: d3sign/Getty Images
37: ollo/Getty Images
38: Joshua Resnick/Adobe Stock , Stockfood / News Life Media
41: Heidi Mayer/Plainpicture
44, 47, 49, 55, 53: ZS/Brigitte Sporrer
51: ZS/Julia Hoersch
57, 68, 73, 75, 77, 85, 89, 99, 100, 117, 123, 128, 133,143: W&B Jörn Rynio
58, 118: ZS/Studio Diercks Media GmbH
63, 133,137: ZS/Kramp+Gölling
64: Stockfood/Larissa Veronesi
65: ZS/Kramp+Gölling
67: Photocuisine/Thys/Supperdelux
71, 83, 93, 113, 115: W&B/Jan Brettschneider
87, 95, 131: W&B/Meike Bergmann
91: W&B/Eda-Calisti
81, 96, 103, 127: W&B/Carsten Eichner
107: Stockfood / für ZS Verlag / Claudia Timmann
108: ZS/Katrin Winner
111, 120,134,139,141: ZS/Claudia Timman
125: W&B/Mader/Schmid
145: Eising Studio/Food Photo & Video
146: Stockfood/Gräfe & Unzer Verlag/Jörn Rynio
147: StockFood / Gräfe & Unzer Verlag/Grossmann.Schuerle
151: Stockfood/Mikkel Adsbøl
153: Stockfood/ Grossmann.Schuerle

Essen gegen Entzündungen: PZN 16939512 | ISBN 978-3-927216-65-5 • Superfoods: PZN 16513049 | ISBN 978-3-927216-57-0
Gesunde Ernährung: PZN 16228633 | ISBN 978-3-927216-52-5 • Vegetarisch mit Genuss kochen: PZN 16820892 | ISBN 978-3-927216-58-7